아이와 함께하는

감성 키즈 위빙

| 만든 사람들 |

기획 실용기획부 | **진행** 김혜인 | **집필** 오은미 | **편집 · 표지 디자인** studio Y

| 책 내용 문의 |

도서 내용에 대해 궁금한 사항이 있으시면,
디지털북스 홈페이지의 게시판을 통해서 해결하실 수 있습니다.

아이생각 홈페이지 : www.ithinkbook.co.kr
아이생각 페이스북 : www.facebook.com/ithinkbook
디지털북스 카페 : cafe.naver.com/digitalbooks1999
디지털북스 이메일 : digital@digitalbooks.co.kr
저자 블로그 : http://blog.naver.com/withboom
감성위빙공작소 인스타그램 : @weaving_artcenter

| 각종 문의 |

영업관련 hi@digitalbooks.co.kr
기획관련 digital@digitalbooks.co.kr
전화번호 (02) 447-3157~8

HAND MADE

아이와 함께하는

감성 키즈 위빙

오은미 저

아이생각
www.ithinkbook.co.kr

contents

저자의 말

위빙은 자유로운 것이에요. 어떠한 규칙도, 화려한 기법도 없이, 자유롭고 개성 있게 하나의 직물을 만들어내는 것입니다. 한 줄 한 줄 실을 쌓다보면 어느새 하나의 직물이 완성되어요. 제가 소개하는 위빙은 베틀로 직물을 짜는 직조와 다르게 조금 더 쉽게 접근하고, 조금 더 빠르게 완성할 수 있는 취미생활, 위빙입니다.

제가 처음 위빙을 시작할 때만 해도 적절한 도구가 없어 도구를 직접 만들어 사용해야 했지만, 요즘은 위빙에 대한 관심이 점점 높아지면서 다양하고 멋진 도구들이 많이 나왔고 또 저마다 개성 있는 클래스들이 많이 생겨나 예전보다 훨씬 쉽게 위빙을 접하실 수 있게 되었어요.

위빙 방식을 재미있게 응용하면 성인뿐 아니라 아이들과도 재미있는 미술수업, 위빙체험을 할 수 있습니다. 우리나라뿐 아니라 캐나다, 호주 등에서도 유치원이나 초등학교 교육과정에서 위빙을 이용한 다양한 체험수업이 있다고 합니다. 아이들과 함께 하는 위빙작업에서는 꼭 하나의 직물을 만들어내기보다는 위빙의 기법을 활용하여 쉽고 재미있게 위빙을 체험하고 간단한 소품을 직접 만들어 보는 것이 좋겠지요.

알찬 위빙클래스를 운영하고 계신 많은 선생님들이 계시고 많이 부족한 사람인데, 운이 좋게 키스위빙 책을 출판하게 된 것 같습니다. 좋은 제안 해주신 아이생각 출판사와 함께 아이들을 생각하는 마음으로 작업하다 보니 더운 여름에 샘플을 만들고 사진촬영을 하고 아이들과 직접 클래스를 진행하는 과정이 즐겁고 행복했습니다. 그 마음이 책을 통해 잘 전달되어 아이들이 쉽고 재미있게 자신만의 개성 있는 위빙작품을 만들어낼 수 있기를 바랍니다.

책 속에서 사용한 재료는 생활 속에서 쉽게 구할 수 있는 다양한 재료들을 가지고 작업하였습니다. 예를 들면 나무막대, 종이접시, 버려지는 컵 등이지요. 외국의 자료를 참고하여 조금 더 쉽게 만들 수 있도록 소개해드린 아이템도 있습니다. 이 책을 참고로 하여 더 좋은 작업물, 더 기발한 아이디어를 담아, 아이들과 즐거운 위빙 하시기를 바랍니다.

저자 오은미

키즈위빙 수업을 통한 기대효과

위빙을 하면 손을 많이 움직여야 합니다. 실을 바늘에 꿰어야 하고, 작은 바늘을 손으로 쥐어야 하며, 손을 움직여 한 줄 한 줄 실을 교차해야 하고, 빗이나 가위 등의 도구를 사용해야 합니다. 손과 손가락을 움직이게 되면 자연스럽게 소근육이 발달하고 손의 힘이 길러지겠지요. 소근육의 발달은 두뇌의 발달과도 아주 밀접한 관련이 있습니다. '손은 밖으로 나와 있는 두뇌' 라는 말이 알려주듯이 손의 움직임, 소근육의 발달은 아이들의 성장과정에서 아주 중요한 부분이며, 이후 다른 모든 발달의 기본이 됩니다.

위빙을 하는 과정을 통해 여러 종류의 털실뿐 아니라, 비닐, 나뭇가지 등의 다양한 소재의 질감을 직접 경험할 수 있으며, 실을 교차하여 실을 쌓는 과정을 통해 눈과 손의 협응력과 집중력을 키울 수도 있습니다.

아이들이 성인에 비해 색에 민감하다고 하지요. 아이들이 직접 색을 선택하고 그것으로 하나의 결과물을 완성한다면, 성인에 비해 더 큰 컬러테라피 효과도 기대할 수 있습니다. 무엇보다 이 책에 소개된 다양한 아이템들은 짧은 시간 집중하여 빠르게 완성할 수 있기 때문에 아이들이 쉽게 성취감을 느낄 수 있습니다. 부모님이나 선생님, 친구들과 함께 작업하는 과정을 통해 정서적인 교감형성과 사회성에도 도움이 될 것입니다.

첫 번째 수업

처음 시작하는 위빙

첫 번째 수업

01

위빙의 소개

위빙 · 태피스트리란 무엇인가요? / 무엇이 필요한가요?

Basic lesson 1

위빙 · 태피스트리란 무엇인가요?

위빙(weaving)

세로실과 가로실을 교차하여 하나의 직물을 만드는 작업을 일컫는 말입니다. 경사를 축으로 하여 실을 차곡차곡 쌓아 다양한 직물을 만들기도 하고, 실로 그림을 그리기도 하지요.

타피스트리/태피스트리(tapestry)

다양한 색실로 그림이나 패턴을 짜 넣은 직물을 말합니다. 우리 주변에서는 카펫이나 러그, 쿠션 등에서 쉽게 찾아볼 수 있습니다. 위빙은 작업과정, 태피스트리는 그 결과물이라 할 수 있겠지요.

경사

세로실을 말합니다. 위빙을 하는 과정에서 제일 먼저 해야 하는 작업이 경사를 감는 것입니다. 직물을 짤 때 축이 되어주는 역할을 해주기 때문에, 단단하게 실을 감아주는 것이 좋습니다.

위사

가로실을 말합니다. 위빙은 경사를 축으로 그 위에 위사를 차곡차곡 쌓아, 하나의 직물을 만드는 것입니다. 위사는 다양한 기법을 포함하고 있지만, 이 책에서는 아이들과의 위빙 작업에서 활용하기 좋은 평직 기법을 주로 사용합니다.

무엇이 필요한가요?

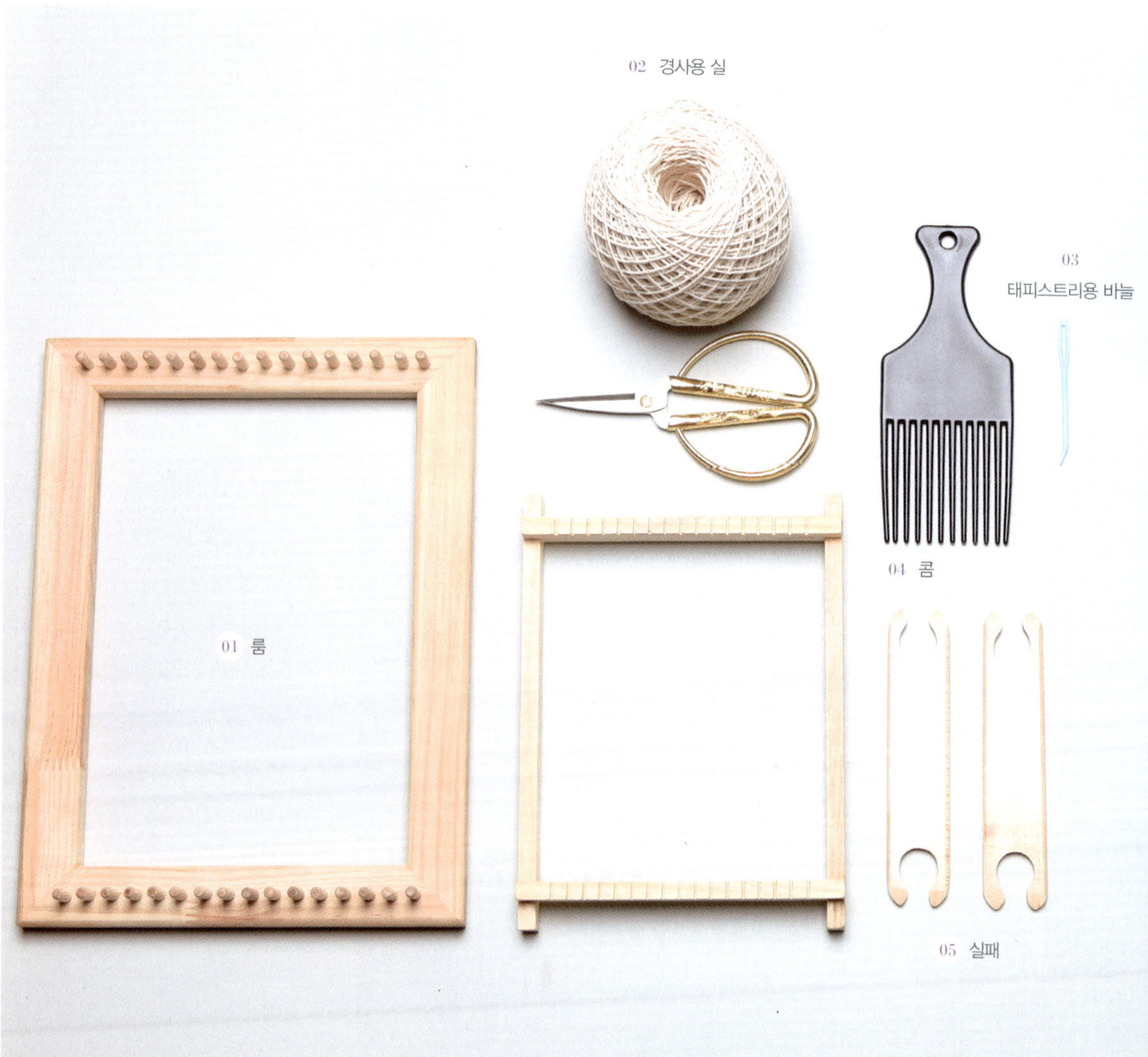

02 실

01 룸(loom)

우리가 태피스트리를 만들고 위빙을 할 때 사용하는 틀을 직기, 즉 룸이라고 합니다. 종류와 소재에 따라 프레임룸, 보드룸, 우드룸 등으로 부르며 가장 대중적으로는 위빙룸이라 부릅니다.

02 실

실에는 여러 종류가 있습니다. 세로실, 즉 경사를 감는 실은 신축성이 없고 단단한 면사를 주로 사용하지만 아이들과 함께하는 작업에서는 어떠한 실을 사용하여도 괜찮습니다. 가로실, 즉 위사가 되는 실은 한 가닥의 실을 사용하기도 하고 여러 겹의 실을 사용하기도 합니다. 위사는 실의 종류, 두께, 색상에 관계없이 다양하게 사용해보세요.

03 태피스트리용 바늘

아이들뿐 아니라 어른들의 위빙작업에서도 사용됩니다. 바늘귀가 커서 어떠한 두께의 실도 잘 꿰어지며 가볍고 안전한 소재입니다. 바늘 앞머리가 구부러져 있어 위빙을 할 때나 매듭을 정리할 때 수월합니다.

04 콤(comb)

세로실을 축으로 쌓는 가로실이 일정하고 단단하게 쌓이도록 실을 정리해 주는 역할을 합니다. 실생활에서 사용하는 포크나 빗으로도 사용 가능합니다.

05 실패

실을 감아서 사용하는 도구이며, 우리가 만드는 작은 사이즈의 태피스트리를 만들 때보다는 큰 작품이나 똑같은 실을 반복적으로 사용해야 하는 경우에 주로 사용합니다.

첫 번째 수업

02

위빙의 기본 익히기

경사 / 평직 / 프린지

태슬 & 폼폼이 / 실 연결 & 뒷면 매듭 정리

Basic Lesson 1

경사 Warp

위빙룸에 세로로 일정한 간격으로 고르게 배열된 실을 말합니다. 위사의 축이 되어주는 역할을 합니다. 주로 탄성이 없고 탄탄한 면사를 사용하지만, 핸드위빙에서는 용도에 따라 자유롭게 사용하기도 합니다.

01 | 02

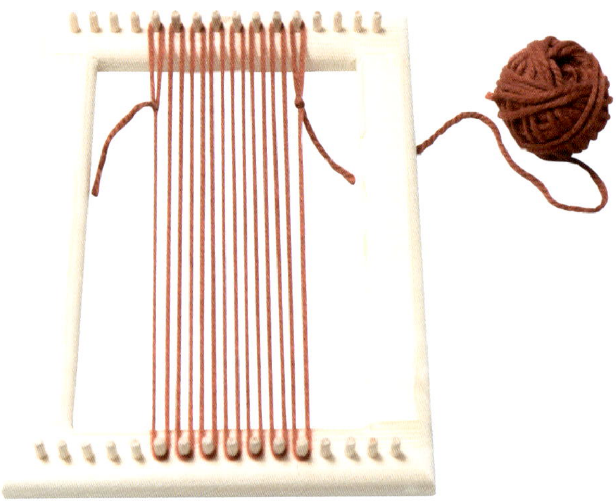

03

01 경사에 손가락 하나 정도의 고리가 생기도록 매듭을 짓고 시작합니다.

02 아래기둥 → 윗기둥 → 아래기둥 → 윗기둥을 반복하면서 기둥에 실을 감아줍니다.

03 마지막 기둥까지 실을 감고, 처음과 마찬가지로 같은 위치에 고리가 생기도록 하여 매듭을 지으면 경사를 모두 감은 것이예요. 이렇게 시작과 끝에 매듭을 짓는 것이 나중에 마무리 할때 편하답니다. 경사는 홀수와 짝수 크게 상관이 없지만, 짝수로 감아 놓는 것이 마지막 마무리할 때 더 편합니다.

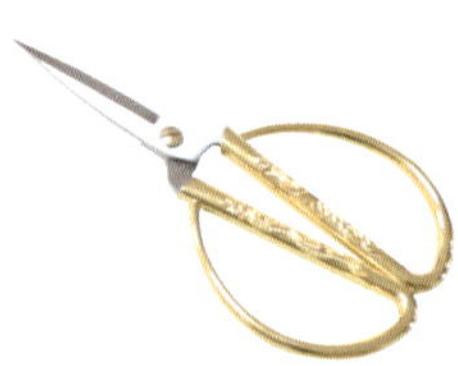

TIP / 위빙룸이 없을 때
두꺼운 종이나 버려지는 박스, 나무액자 등에 1~2cm 간격으로 가위집을 내거나 못을 박아 사용하면 됩니다.

Basic Lesson 2

평직 Plain weave

경사(날실, warp)와 위사(씨실, weft)가 서로 번갈아 교차되는 기본적인 조직입니다. 교차점이 가장 많고 짜임새가 단단하여 실용적이며, 많이 사용되는 기법이기도 합니다.

평직은 세로로 감아준 경사를 축으로 하여 가로실, 즉 위사를 경사의 위, 아래, 위, 아래로 반복하여 걸어주고, 두 번째 위사부터는 아랫줄과 반대 방향인 아래, 위, 아래, 위로 반복하며 실을 교차해 걸어주면 됩니다.

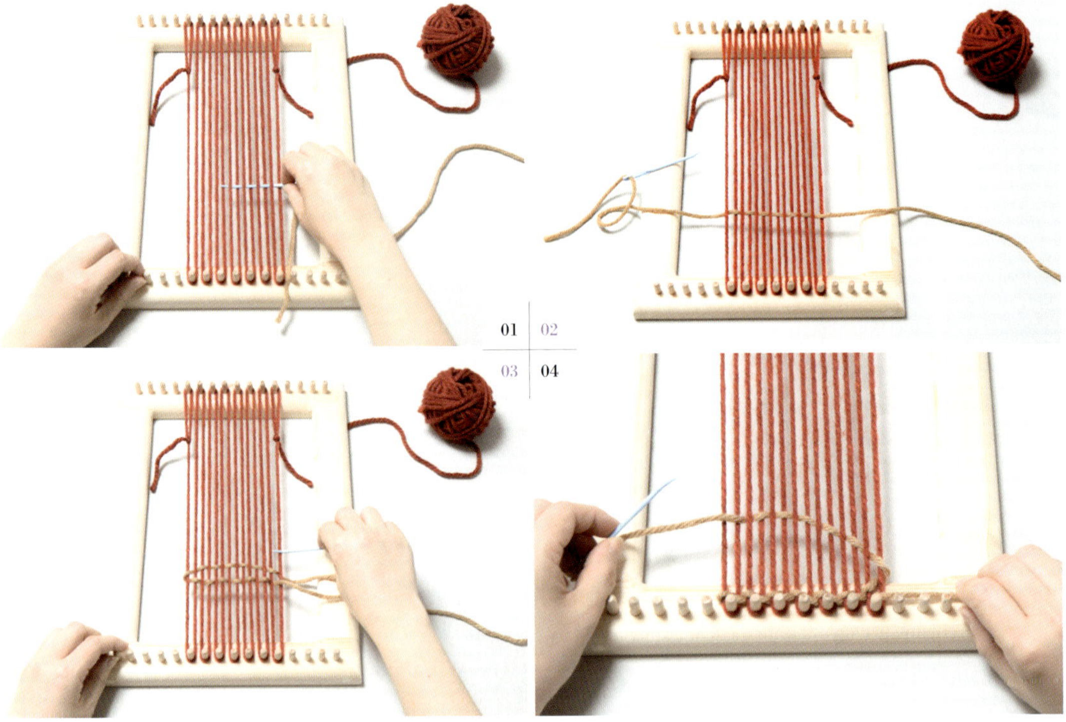

01 02 첫 번째 위사를 걸어 주었습니다.

03 두 번째 줄은 아랫줄과 반대로 실을 걸어 줍니다.

04 같은 방법으로 계속 실을 걸어주고, 빗이나 포크 등을 이용하여 위사를 꾹꾹 눌러주면 차곡차곡 탄탄하게 실이 쌓여 하나의 태피스트리가 완성되어요.

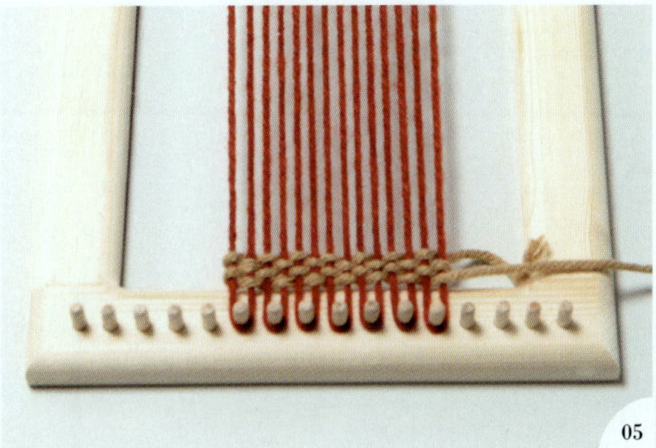

05

06

05 06 한 줄 한 줄 교차하며 위사를 쌓아주었습니다. 이것이 제일 기본적인 평직기법입니다.

위사는 사진처럼 포물선을 그리며 걸어주세요. 태피스트리의 양쪽 끝이 안쪽으로 쏠리는 것을 막아주어 끝이 반듯하게 됩니다.

Basic lesson 3

프린지 fringe

태피스트리의 아랫단에 술처럼, 여러 겹의 실을 달아 놓은 것을 프린지 또는 리아(수직융단) 라고 합니다. 여러 겹의 실을 다양하게 사용할 수 있어, 개성있고 자유롭게 표현할 수 있습니다.

01 프린지로 사용할 실을 적당한 크기로 미리 잘라줍니다. 실을 여러 겹 사용하시면 더욱 풍성하고, 안정감 있는 태피스트리가 완성되어요.

02 잘라놓은 실을 반으로 접어, 고리 쪽이 왼쪽을 향하도록 놓습니다.

03 왼쪽 아래부터 각각의 기둥에 걸린 경사 두 줄 중에 항상 왼쪽 경사의 아래쪽으로 실의 고리 부분을 넣어주세요.

04 고리 안쪽으로 왼쪽 손의 엄지와 검지를 넣고 반대쪽 실을 당겨 고리 안쪽으로 넣어줍니다.

05 고리 안쪽으로 넣어준 실을 왼쪽으로 당겨줍니다.

06 07 08 그대로 위빙룸의 첫 번째 기둥 아래까지 당겨 자리를 잡아줍니다.

09 그 다음 기둥도 같은 방법으로, 왼쪽 경사에 반으로 접은 실의 고리 부분을 넣어 프린지를 달아주세요.

TIP 기둥이 없는 종이나 모양이 다른 위빙룸을 사용하여 프린지를 달아주는 방법

example 1

01 사진처럼 두꺼운 종이를 경사의 위, 아래로 교차하여 2줄 정도 넣어주세요. 아랫단에서 마무리 매듭을 지을 수 있는 공간을 확보하기 위해 하는 작업이에요.

02 평직으로 3~4번 정도 실을 걸어주세요. 이 부분은 프린지를 받쳐주는 부분이 되어, 겉으로는 드러나지 않습니다. 프린지로 사용할 실도 잘라서 준비해둡니다.

03 사진처럼 프린지 실로 2줄의 경사를 겉에서 감싸주세요. 그런 다음 양쪽 실의 끝을 두 줄의 경사 사이로 빼주면 됩니다.

04 가운데 실을 잡고 아래쪽으로 내려주면 되어요.

example 2

01 02 먼저 평직으로 2~3줄 정도 실을 걸어준 다음, 프린지 실을 두 줄의 경사 사이에 넣고, 실의 가운데를 사진처럼 위쪽으로 들어 올려 고리를 만들어주세요.

03 고리 사이로 양쪽의 실 끝을 넣어 당겨주시면 되어요.

04 사진처럼 프린지가 완성됩니다.

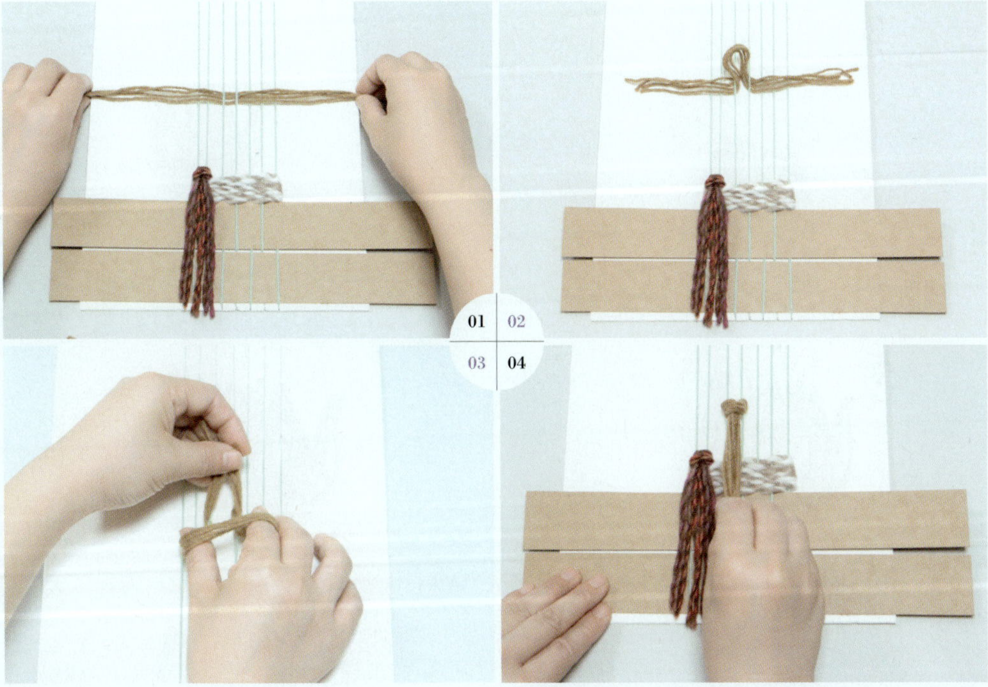

TIP 종이로 만든 위빙룸으로 미니 태피스트리를 완성해볼까요?

example 3

01 위의 설명을 바탕으로 프린지까지 모두 달아주세요. 프린지 위에 평직으로 계속 실을 걸어주어요.

02 평직으로 실을 모두 걸었으면, 프린지를 위로 올려주고 걸어놓은 종이를 빼주세요.

03 04 아래쪽 경사를 잘라서 두 줄씩 묶어줄 거예요. 이때 경사를 한꺼번에 자르지 마시고 두 줄씩 잘라 서로 묶어주세요.

05 이제 위쪽의 경사도 두 줄씩 자르면서 묶어서 매듭을 지어주세요. 경사가 짝수일 경우에는 두 줄씩 묶어 매듭을 만들고, 경사가 홀수일 경우에는 마지막에 남은 세 개의 경사를 한꺼번에 묶어 매듭을 만들어주세요.

06 밑단의 프린지를 원하는 모양으로 다듬어주시고, 바늘에 실을 꿰어 나뭇가지와 태피스트리를 실을 돌려가며 함께 감아주시면 됩니다.

07 작은 태피스트리가 완성되었어요. 벽장식은 물론, 에코백에 달아주어도 예쁘지요?

05 | 06

07

태슬 & 폼폼이

동글동글 귀여운 폼폼이와 태슬은 태피스트리와 함께 장식하기에 좋습니다. 다른 소품과도 잘 어울리고, 만들기도 쉽고 간단한 아이템입니다. 자투리로 남은 실을 활용하기에도 좋겠지요.

태슬 만들기

01 예쁜 색실을 준비해주세요.

02 손에 원하는 태슬 두께만큼 실을 감아주세요.

03 충분히 감은 다음 손에서 실을 분리해주세요.

04 끈을 이용하여 고리 가운데를 묶어주세요.

05 | 06

07

05 고리 아래쪽을 가위로 잘라주고, 원하는 길이에 맞추어 가지런하게 다듬어주세요.

06 포인트가 될 실을 잘라 태슬 전체의 1/3 정도 되는 위치에 여러 번 감아 마무리해주세요.

07 다양한 두께와 색실을 이용해서 태슬을 미리 만들어놓으면 위빙작품을 만들 때 쓰임이 좋아요.

폼폼이 만들기

01 예쁜 색실을 준비해주세요.

02 손에 원하는 두께만큼 감아주세요.

03 손에서 분리해주세요.

04 같은 색의 끈을 준비해주세요.

05 가운데를 단단하게 묶어주세요.

06 양쪽 끝을 잘라주세요.

07 잘린 실을 여러 방향으로 동글동글 예쁘게 다듬어주시면 됩니다.

08 다양한 실로 많이 만들어 활용하면 위빙작품이 더욱 풍성해진답니다.

TIP / 폼폼이로 모빌을 만들거나 폼폼이를 나뭇가지에 붙여 장식품으로 활용해보세요. 아이들 옷이나 가방에 달아주어도 예쁘답니다.

실 연결 & 뒷면 매듭정리

01 02
03 04

실 연결하기

01 02 03 중간에 실이 모자라거나, 실을 다른 색실로 바꿀 때는 실이 끝난 부분의 다음 칸에서 새로운 실을 시작하고, 매듭은 뒷면에서 묶어주세요.

04 또 다른 방법으로는 끝나는 실과 새로 시작하는 실이 경사의 3~4칸 정도에서 서로 겹치게 두어, 빗으로 지긋이 눌러주고 시작하는 방법이 있습니다.

01 | 02

03

뒷면 매듭정리하는 법

01 뒷면의 실은 두 줄씩 서로 묶어 매듭을 지어주세요.

02 매듭을 짓고 남은 실은 바늘을 이용하여 위사 사이사이로 넣은 뒤 남는 실을 잘라주면 됩니다.

03 깨끗하게 정리된 뒷면입니다.

두 번째 수업

아이와 함께, 신나는 위빙

두 번째 수업

01

태피스트리 만들기

폭신폭신 뭉게구름 태피스트리 / 종이, 자투리 실을 이용한 태피스트리
컵케익 태피스트리 / 평직으로 완성하는 스마일 태피스트리

Lesson 1

폭신폭신 뭉게구름 태피스트리

필요한 재료 위빙룸, 태피스트리용 바늘, 구름을 표현해줄 다양한 컬러의 실과 양모, 경사용 실

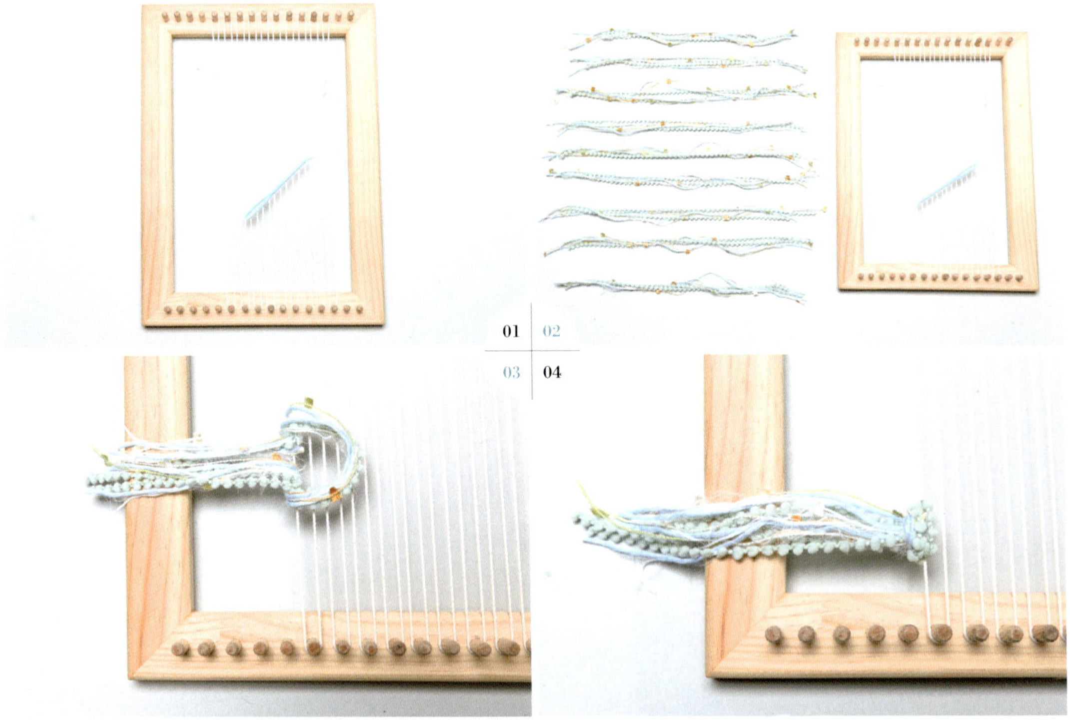

01 02
03 04

01 원하는 태피스트리의 크기를 정하고, 각각의 위빙룸 기둥에 경사를 감아줍니다. 경사를 감는 법은 15page를 참조하세요.

02 제일 먼저 원하는 프린지의 길이만큼 실을 잘라둡니다. 이때 여러 겹의 실을 같이 사용하면 풍성한 느낌의 프린지가 되어요.

03 실을 반으로 접어, 사진처럼 각각의 나무기둥 왼쪽 경사 아래로 실을 넣어줍니다.

04 사진처럼 왼쪽 고리 안쪽으로 오른쪽 실을 넣어 빼줍니다.

05 06 사진처럼 왼쪽의 실을 당긴 후 기둥 아래까지 당겨주면 프린지가 완성되어요. 다른 기둥에도 같은 방법으로 프린지를 모두 달아볼게요. 프린지 다는 법은 20page를 참조하세요.

07 08 5, 6번의 작업으로 프린지를 모두 달았으면 이제 위사를 바늘에 꿰어 평직 기법으로 하늘을 표현해주세요. 평직은 사진에서처럼 위사를 한 줄씩 위, 아래, 위, 아래를 반복하여 진행합니다. 두 번째 줄부터는 아랫줄과 교차하여 아래, 위, 아래, 위를 반복해주세요. 이제 양모로 구름을 표현해보겠습니다. 평직은 17page를 참조하세요.

TIP / 부드러운 질감의 수면사를 이용하면 아이들도 좋아하고, 간혹 틀리더라도 표시가 덜 나요! 그리고 부드러운 구름의 느낌도 잘 표현해준답니다.

09 10
11 12

09 먼저 양모를 필요한 만큼 잘라 평직 기법으로 실을 걸어줍니다. 그런 다음 손이나 사용하던 바늘을 이용하여 양모를 볼륨감 있게 위쪽으로 들어 올려주면 되어요. 이 방법을 이용하여 구름을 넣고 싶은 곳에 양모를 사용하여 구름을 표현해보세요.

10 평직 기법으로 구름 주변과 나머지 배경을 모두 채워주세요. 이때 구름의 오른쪽 배경부터 먼저 채우고, 그 다음에 왼쪽을 채우는 식으로 작업하시는 것이 편하겠지요. 또한 구름을 먼저 표현해주고 배경을 나중에 채워주시면 더 탄탄한 태피스트리가 됩니다.

11 12 직물을 위빙룸에서 떼어내기 전에 룸을 뒤집어 매듭을 정리해줍니다. 매듭정리는 어른들이 도와주셔야 해요. 매듭정리 후 윗부분의 경사를 기둥에서 하나씩 분리하면서 직물에 가깝게 묶어 고리를 만들어줍니다. 이 고리에 나뭇가지를 넣어줄 거예요.

13

⑬ 구름 태피스트리가 완성되었습니다. 프린지를 깔끔하게 정리해주시면 완성이에요. 아이들 방에 걸 수 있도록 나뭇가지에 엮어 벽에 걸어주세요.

태피스트리는 꼭 나뭇가지가 아니더라도, 사진에서처럼 와이어 옷걸이를 이용하거나 나무젓가락 등에 색실을 감아 사용해보세요.

Comment

물방울이나 작은 얼음입자가 모여서 하늘에 떠 있는 것이 우리 눈에는 구름으로 보이는 것이지요. 구름의 생성과정을 간단하게 설명하여주고, 구름의 촉감을 상상하며 아이와 함께 만들어보세요.

lesson 2

종이, 자투리 실을 이용한 태피스트리 만들기

필요한 재료 위빙룸, 태피스트리용 바늘, 길게 자른 종이, 자투리로 남은 다양한 털실, 나뭇가지

01 02 자투리로 남은 재료들을 위빙룸 크기에 맞추어 모두 잘라주세요.

03 경사를 감아주고, 잘라놓은 재료들은 위, 아래를 반복하는 평직으로 경사에 하나씩 걸어줍니다.

평직은 17page를 참조하세요.

04 종이 이외에도 아이가 입던 옷을 잘라 만든 패브릭 얀이나 레이스 등 어떤 재료로도 가능합니다. 한 줄 한 줄 면을 채워주세요.

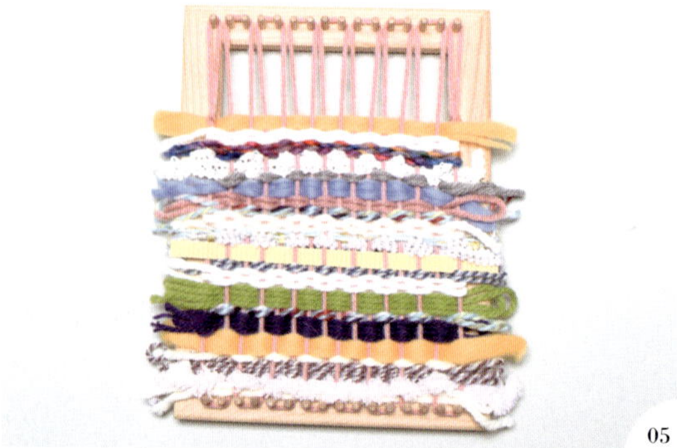

05

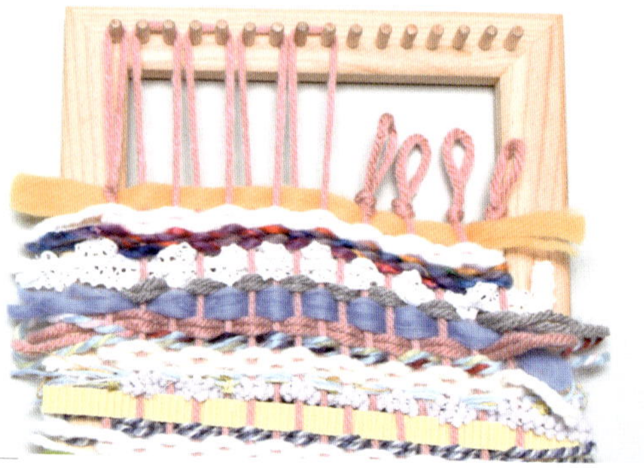

06

07

08

05 실을 미리 잘라놓고 시작하기 때문에 금방 완성이 되지요.

06 07 윗부분에 남은 경사, 즉 하나의 기둥에 연결되어 있는 두 줄의 경사를 매듭을 지어 고리로 만들어주면서 위 빙룸에서 분리시켜줍니다.

08 룸에서 분리해보니 꽃게 같은 모양이 되었네요. 아이의 상상력을 더해 제목을 정해주어도 좋아요.

09 위사로 사용한 자투리 실과 종이 등의 양쪽 끝은 매듭을 정리할 필요 없이, 반듯하게 잘라 정리만 해주세요.

10 다른 색상으로도 만들어볼까요?

11 사진처럼 위 아래의 방향을 바꿔 나뭇가지에 걸어주셔도 좋아요.

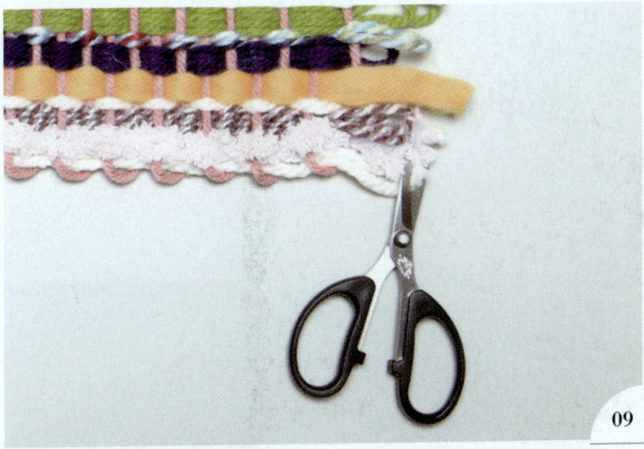

09 10
11

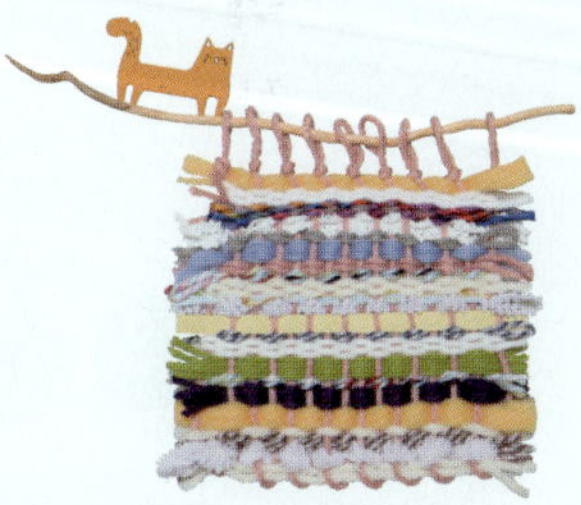

Comment

버려지는 종이봉투 등을 길게 오린 것이나 자투리 실을 이용하여 태피스트리를 완성해보세요. 특별한 재료 없이도 멋진 태피스트리가 완성되어요.

컵케익 태피스트리 만들기

필요한 재료 위빙룸, 다양한 털실, 태피스트리용 바늘, 콤, 경사용 실

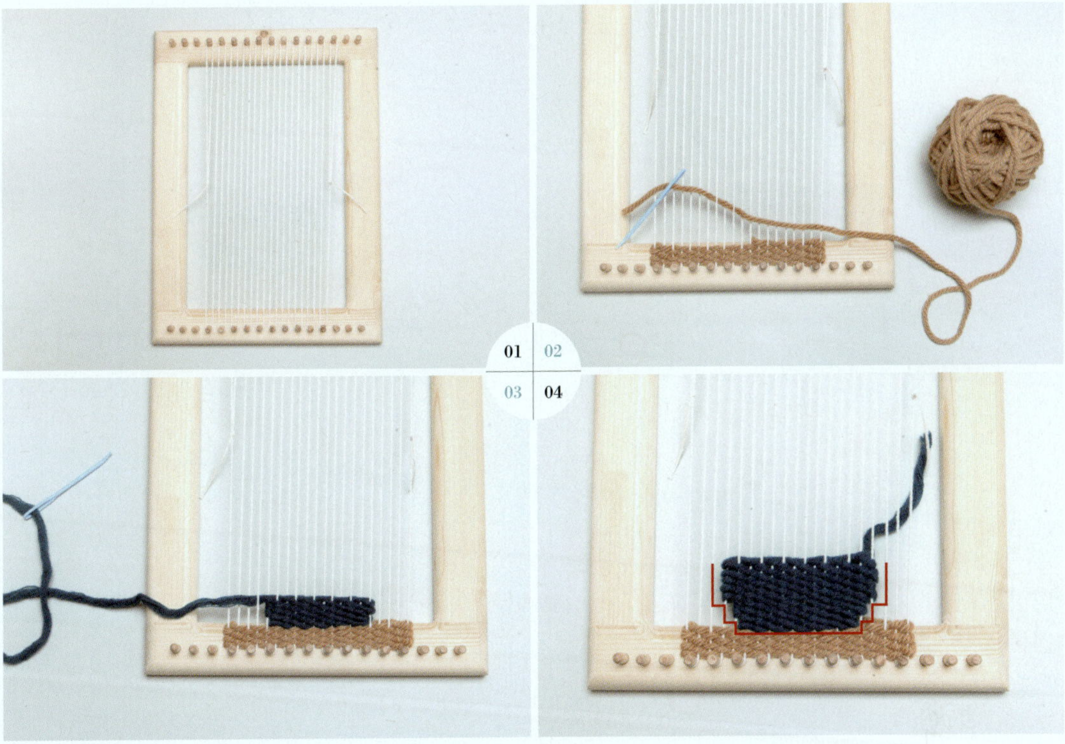

01 위빙룸에 경사를 감아줍니다. 이번에 만들 태피스트리는 위빙룸의 절반 정도 되는 크기입니다. 경사의 시작과 끝에 만드는 고리가 사진처럼 위빙룸의 절반 정도에 위치할 수 있도록 묶어주세요.

02 먼저 바탕색으로 평직을 6~7번 정도 왕복해주세요.

03 이번에는 감아둔 경사의 2/3에만 위사를 걸어줄 거예요. 경사의 중앙부에 위사를 평직으로 2번 걸어줍니다. 저는 총 20줄의 경사를 감았기 때문에, 양 옆으로 4칸의 경사를 비워놓고 가운데 10칸의 경사에만 실을 걸어주었어요.

04 평직을 2번 왕복한 다음에는 양쪽으로 경사 한 칸씩을 더 늘려 2번 왕복, 또 양쪽으로 경사 한 칸씩을 더 늘려 5~6번 왕복해주시면 되어요. 실 굵기에 따라 왕복횟수가 달라지니 사진의 굵은 선 모양을 참고하여 모양을 만들어주세요.

05 | 06
07

05 06 07 다른 색상으로 포인트를 주어도 좋겠지요? 평직으로 포인트를 넣어보았습니다.

08 09

10

08 09 이번에는 컵케익의 아이싱을 표현해보겠습니다. 풍성하고 부드러운 털실과 예쁜 장식이 들어간 털실을 같이 사용해볼게요. 양쪽으로 한 칸씩 더 늘려서 평직으로 3번 왕복해 컵케익 생크림을 예쁘게 올려주세요.

10 이번에는 컵케익 아랫면과 반대 방법으로 위사를 쌓아주면 됩니다. 2번 왕복한 다음 양쪽 경사 한 칸씩을 줄여서 2번 왕복, 또 한 칸 줄여서 2번 왕복하는 식으로 채워주시면 됩니다. 컵케익의 아랫면에 비해 동그랗고 풍성하게 실이 올라가겠지요.

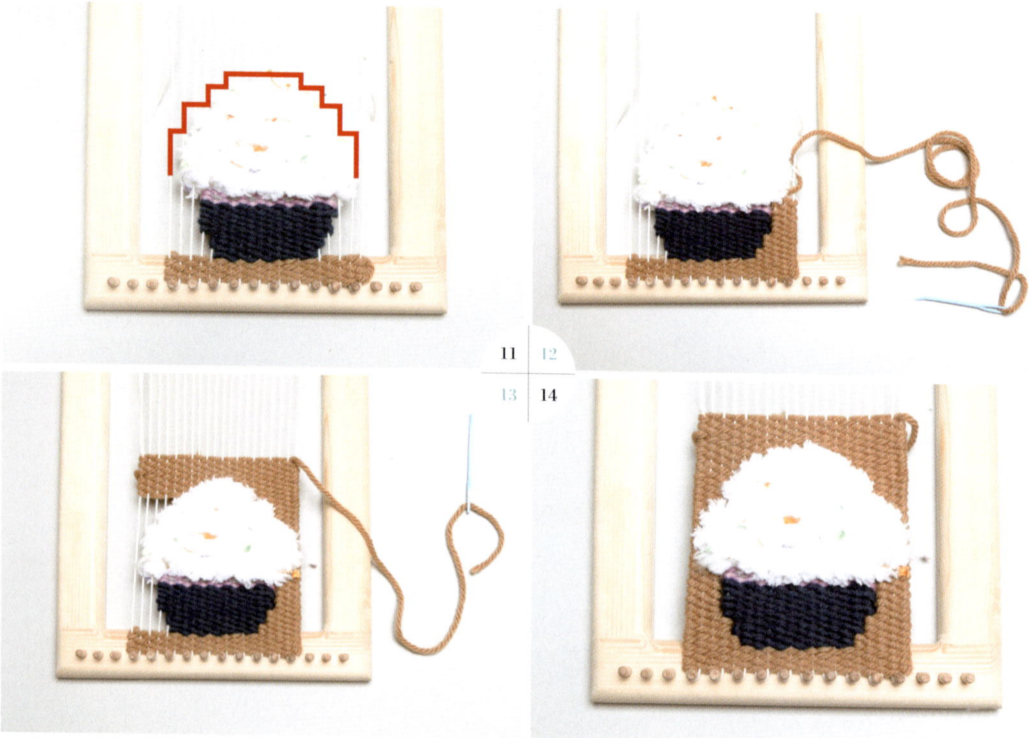

11 사진에 표시된 굵은 선 모양을 참고해주세요.

12 이제 컵케익 주변의 빈 공간을 채워주세요. 오른쪽 면부터 채워볼게요.

13 오른쪽을 모두 채웠으면 윗부분, 왼쪽 순서대로 배경을 채워주세요.

14 컵케익과 배경을 모두 채웠습니다.

15 16
17

⑮ 위빙룸에서 분리해주세요.

⑯ 위빙룸에서 분리한 다음, 콤으로 아래쪽에 생긴 틈을 가지런하게 정리해 주세요.

⑰ 사진처럼 그림과 배경 사이에 틈이 생기는 경우도 있어요.

18 19
20 21

18 19 이렇게 틈이 생기는 경우, 경사로 사용한 실을 이용하여 구멍이 난 쪽 위사에 먼저 매듭을 만들어 통과시켜주세요.

20 21 이렇게 걸어둔 실로 바느질하듯 틈이 생긴 곳을 메꿔주세요. 홈질로 다 꿰맨 다음 실을 자연스럽게 당겨 매듭지어주시면 틈이 자연스럽게 메꿔진답니다. 튀어나와 있는 매듭은 바늘로 눌러 뒷면으로 통과시켜주세요.

22 이제 폼폼이와 각종 장식 재료로 컵케익에 장식을 더해주세요.

23 폼폼이와 장식 재료를 목공풀이나 글루건으로 고정시켜주세요.

24 위쪽의 경사를 매듭지어 나뭇가지를 걸어 완성하셔도 되지만, 위쪽 경사가 너무 길 때는 사진처럼 뒷면의 위사 사이로 경사를 넣어주세요.

25 경사를 뒷면의 위사 사이로 모두 넣어주었습니다. 이제 적당한 길이로 잘라주시면 되어요.

26 | 27

28 | 29

26 위쪽 경사까지 모두 깔끔하게 정리를 해 주었습니다. 이제 나뭇가지를 연결해볼게요. 나뭇가지에는 털실을 감아 보았습니다.

27 나뭇가지와 태피스트리를 연결할 실에 매듭을 짓고, 실을 앞쪽으로 빼주세요.

28 나뭇가지에 실을 감으면서 태피스트리와 엮어주시면 됩니다.

29 모두 완성되었습니다.

30

30 끈을 달아 벽에 걸어도 예쁘겠지요.

Comment

엄마와 아이가 함께 완성하는 컵케익 태피스트리는 아이 방에 잘 어울리도록 부드럽고 포근한 느낌이 드는 털실을 사용하는 것이 좋겠지요. 완성된 태피스트리에 장식은 아이와 함께, 놀이처럼 해 보는 것도 좋습니다.

Lesson 4

평직으로 완성하는 스마일 태피스트리

필요한 재료 위빙룸, 다양한 털실, 태피스트리용 바늘, 콤, 장식재료

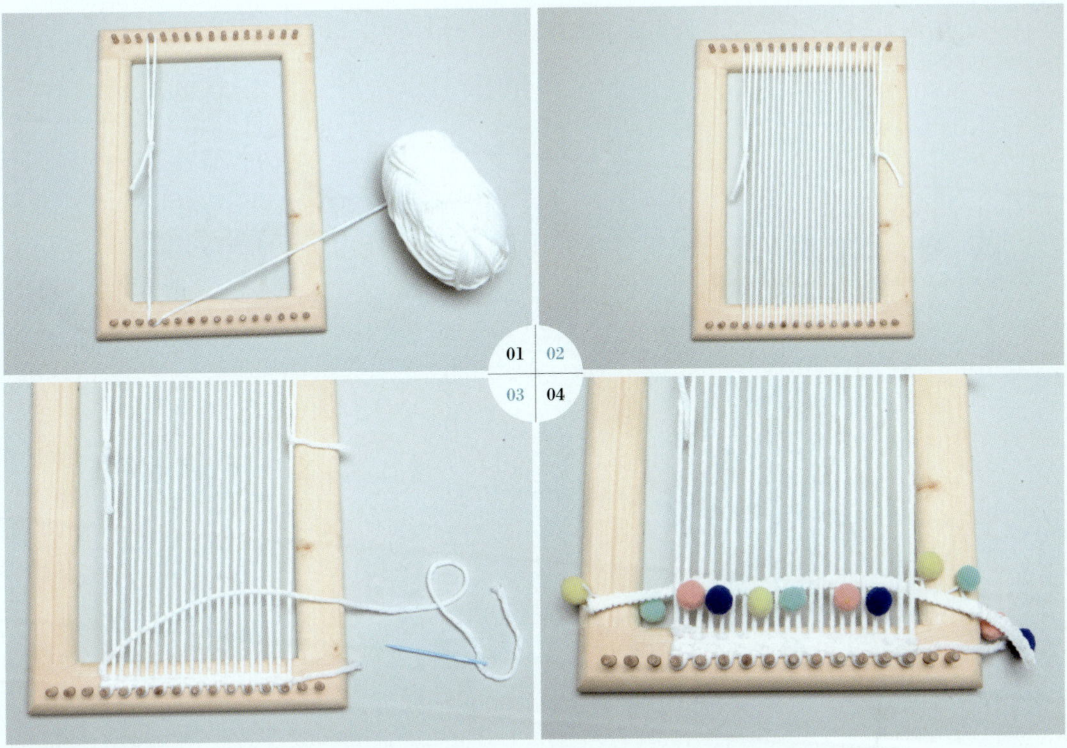

01 02 위빙룸에 경사를 감아줍니다. 경사 감는 법은 15page를 참고하세요.

03 사진처럼 경사를 모두 감아주고, 5~6줄을 평직으로 반복해 걸어줍니다.

04 평직 위에 동글동글 폼폼이가 달린 리본을 걸어줄게요. 폼폼이가 경사를 잘 통과할 수 있도록 천천히 걸어 주세요.

05 06

07

05 이제부터는 원하는 색상의 털실로 그림을 그리듯 면을 채워보세요.

06 기법은 모두 평직이에요. 다양한 두께와 소재의 실을 사용하면 똑같은 평직으로도 다양한 태피스트리를 만들 수 있는 것이 위빙의 매력이랍니다.

07 이제 동그란 모양을 만들어볼게요. 노란색의 보들보들한 털실을 사용해보겠습니다. 먼저 8줄의 경사에 평직으로 털실을 2번 왕복하여 걸어주었습니다. 그다음에는 양쪽으로 경사 한 줄씩을 더 걸어주어 10줄의 경사에 노란색의 위사를 걸어줍니다. 역시 2번 왕복하였습니다. 이런 식으로 양쪽으로 한 줄씩 경사를 추가해 가며 옆으로 한 칸씩 면적을 넓혀주는 것이에요. 이때 실의 굵기에 따라 위사를 걸어주는 횟수는 달라집니다. 실이 얇은 경우에는 위사의 반복횟수를 늘려주세요.

08 09
10

08 이제 위쪽으로 동그란 모양을 만들어줄 거예요. 아래쪽과 반대로 경사를 한 줄씩 줄여가면서 동그란 모양을 만들어주세요.

09 동그라미가 완성되었습니다. 실의 굵기에 따라 걸어주어야 하는 경사와 위사 개수가 다르니, 사진의 굵은 라인의 모양을 참고하여 동그라미 모양을 만들어 주세요. 꼭 정확하지 않아도 괜찮습니다.

10 완성된 노란 동그라미에 검정색의 털실을 이용하여 눈과 입을 재미있고 개성 있게 표현해보세요.

11 12
13 14

11 12 이제 다시 원하는 색상의 털실을 이용하여 면을 채워볼까요? 중간에 프린지도 넣어볼게요.

13 14 예쁜 털실을 이용하여 면을 계속 채워주세요. 털실뿐 아니라 원단, 비닐, 종이 등 어떠한 소재라도 괜찮습니다.

15 스마일을 기준으로 하여, 오른쪽과 윗부분의 면을 모두 채웠습니다. 이제는 스마일의 왼쪽 빈 공간을 채워주세요. 그런 다음 경사의 양쪽 끝 고리의 매듭까지 위사를 채워주면 되어요.

16 위사를 다 채웠다면 위빙룸을 뒤로 돌려 남은 털실을 깨끗하게 정리해주세요.

17 18 왼쪽 첫 번째 경사부터 위빙룸에서 하나씩 분리하여, 매듭을 묶어 마무리를 지어주세요.

19

20

21

22

19 20 위쪽 경사를 모두 분리하여 매듭을 지어주었습니다. 이때 양쪽 끝의 경사에는 시작할 때 묶어놓은 매듭이 있지만, 분리하면서 한 번씩 더 매듭을 지어주셔야 사진처럼 고리의 길이가 일정해진답니다.

21 이제 아래쪽도 나무기둥에서 천천히 분리해주시면 되어요. 아래쪽은 따로 매듭을 지을 필요가 없습니다.

22 스마일 태피스트리를 룸에서 완전히 분리하였습니다.

23

23 스마일에 리본을 달아주었어요. 이제 경사를 분리하면서 생긴 고리에 나뭇가지를 걸어 벽에 걸어주시면 됩니다.

Comment

다양한 소재와 실의 느낌을 살려 태피스트리를 완성해보세요. 느낌 가는 대로 자유롭게 실을 쌓는 것이 위빙의 매력이랍니다.

KIDS WEAVING CLASS

자투리 실과 종이를 이용한 태피스트리

01 경사는 아이가 더 쉽고 빠르게 완성할 수 있도록 좀 더 간격을 넓혀 두 칸에 한 줄씩 걸어주었습니다.

02 아이가 좋아하는 실을 직접 골라 오도록 하며, 경사 위에 한 줄 한 줄 실을 계속 쌓아줍니다. 처음 한두 번만 손을 잡고 같이 해주시면 금방 혼자 할 수 있어요. 유주는 반짝이는 실을 참 좋아했답니다.

03 작은 손을 요리조리 움직여가며 아주 재미있게 수업에 집중하고 있어요.

04 태피스트리용 바늘은 바늘귀가 넓어 아이들이 직접 바늘에 실을 꿰기도 수월해요.

TIP / 자신이 좋아하는 실을 계속 골라오도록 하여 수업에 적극적으로 참여하게 하는 것은 아이들을 수업에 집중시키고, 재미를 느끼게 하는 좋은 방법입니다.

05

06

07

08

05 유주가 직접 골라온 실들과 종이를 활용하여 실을 계속 쌓아주고 있어요.

06 중간 중간 빗질도 열심히 해줍니다. 다양한 도구를 사용하는 것 또한 아이들이 수업에 흥미를 느끼도록 도와주어요.

07 실을 감고 푸는 것도 아이들에게는 즐거운 놀이가 됩니다.

08 오늘 유주가 만든 태피스트리와 무지개 오브제를 나란히 걸어주었어요.

아이가 색과 실을 선택하는데 있어 자기 주관이 뚜렷해서 놀랐습니다.
대충 막 고른 실인 것 같았는데, 완성해 놓고 보니 꽤 그럴싸해서 저도 참 만족스럽습니다.
또 한두 번 설명을 듣고는 아이가 금방 따라하는 것이 신기했습니다.
유주는 만든 작품을 직접 유치원에 들고 가서 친구들 앞에서 발표도 하였습니다.
어릴 때부터 손을 많이 사용하게 하는 것이 참 중요하구나 하고 느끼게 된 계기였습니다.
아이도 스스로 만든 결과물을 통해 성취감이 무엇인지,
하나를 끝까지 완성한 것에 대한 기쁨이 어떤 것인지
쉽고 자연스럽게 배우게 된 것 같아, 아주 유익한 수업이었습니다.

유주 엄마 김새보미

두 번째 수업

02

넝쿨 리스를 활용한 위빙 벽장식

추억의 소품으로 완성하는 위빙 리스 / 위빙 리스로 크리스마스 소품 만들기

lesson 1

추억의 소품으로 완성하는 위빙 리스

필요한 재료 넝쿨 리스(외경 29cm), 털실, 장난감, 부재료

01 02
03 04

01 원형 리스에 경사를 감아줍니다. 간격 조정을 위해 제자리에서 한번 감은 뒤 8자 모양으로, 또 제자리에서 한번 감은 뒤 8자 모양으로 움직이기를 반복하여 원하는 폭만큼 경사를 감아줍니다. 경사를 모두 감고, 경사가 단단하게 고정이 되도록 리스 아래와 위쪽의 경사를 글루건으로 고정시켜주어도 좋아요.

02 03 04 원하는 실을 골라 평직으로 위, 아래 실을 교차하면서 면을 채워주세요. 매듭은 위사를 모두 쌓은 다음 뒷면에서 한꺼번에 정리하면 편해요.

05 면을 모두 채웠으면 아이들이 좋아하는 캐릭터인형이나, 소품, 어릴 때 가지고 놓았던 장난감 등을 이용하여, 아이와 함께 그때의 추억을 이야기하면서 장식을 달아주세요.

05

Comment

비교적 만들기 수월하면서도 훌륭한 벽장식이 되어주는 위빙 리스를 만들어보세요. 털실로만 만드는 것이 아니라, 다양한 소품을 이용하여 주제가 있는 위빙 리스를 만들 수 있습니다. 아이가 좋아하는 주제를 함께 정하여 이야기를 나누고 그것을 위빙 리스에 담아보세요.

TIP 여름 바닷가의 추억을 담은 위빙 리스

example 1

01 위의 위빙 리스를 참고하여 면을 채워줍니다. 이번에는 여름바다를 주제로 바다와 하늘을 표현해보세요.

02 03 지난여름 가족과 함께했던 바닷가의 추억을 이야기하면서, 바닷가에서 주워온 조개껍질이나 소라 등을 장식으로 달아주세요. 아이에게 좋은 추억이 될 거예요.

01

02

03

example 2

01 02 생화나 드라이플라워, 폼폼이 등을 이용해도 좋아요.

03 남자아이라면 털실로 거미줄을 표현해주고, 폼폼이로 거미를 만들어 달아 재밌게 연출해보세요.

01

02

03

Lesson 2

위빙 리스로 크리스마스 소품 만들기

필요한 재료 나뭇가지, 넝쿨 리스(외경 약 15cm), 다양한 털실, 장식 부재료

01

02

03

01 넝쿨 리스를 이용하여 루돌프 장식품을 만들어볼게요. 먼저 넝쿨 리스에 경사를 감아줍니다. 추억의 소품으로 완성하는 위빙 리스를 참고해 경사를 감아주세요. 71page를 참고하세요.

02 주의할 점은 경사가 아래쪽으로 갈수록 폭이 좁아질 수 있게 실을 감아야 한다는 것입니다. 상단은 넓게, 하단은 넝쿨 리스의 중앙 쪽으로 경사를 모아주세요. 이 부분이 루돌프의 얼굴이 됩니다.

03 경사를 모두 감았습니다.

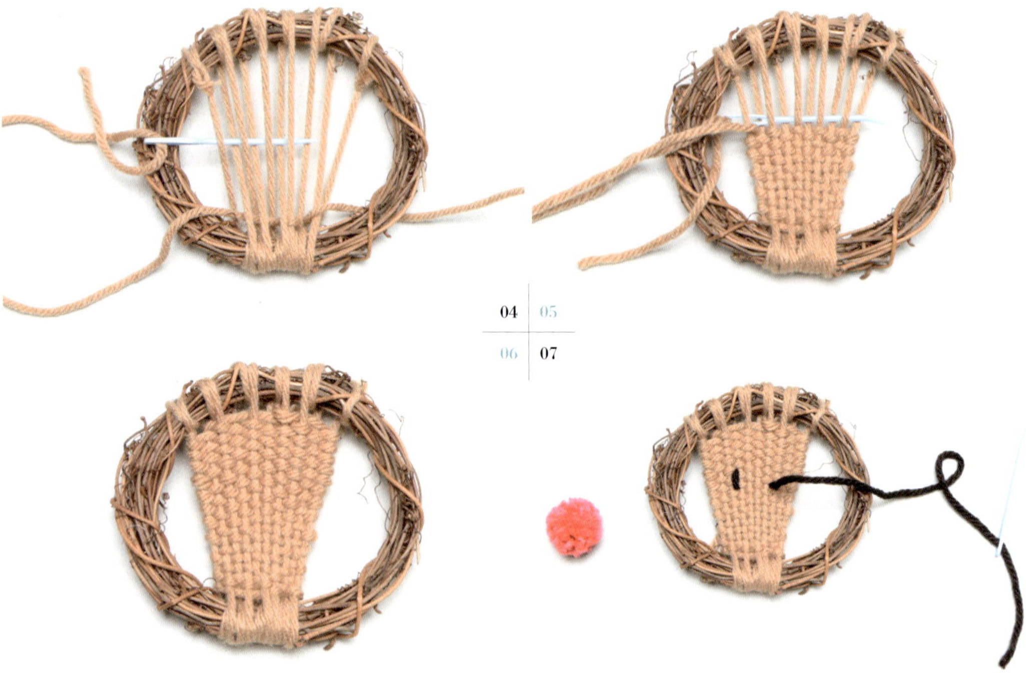

04 05 이제 경사로 사용한 실과 동일한 실을 사용하여, 평직으로 한 줄씩 면을 채워주세요.

06 사진처럼 넝쿨 리스 끝까지 평직으로 실을 채워주세요.

07 검정색 실을 이용하여 눈을 표현해 주었습니다. 눈은 꼭 털실이 아니어도 괜찮아요. 단추나 작은 폼폼이를 사용해도 좋겠지요.

08

09

08 28page의 폼폼이 만드는 법과 태슬 만드는 법을 참고하여 루돌프 코와 크리스마스 느낌으로 연출할 태슬을 만들어 주세요. 루돌프의 뿔을 표현해줄 나뭇가지도 준비해 주세요.

09 루돌프의 코와 리본, 태슬 등의 장식소품을 글루건이나 목공용 풀을 이용하여 고정하면 넝쿨 리스 루돌프가 완성되어요.

Comment

사이즈가 다양한 넝쿨 리스를 활용하여 귀여운 크리스마스 오브제를 만들어보세요. 완성한 뒤 아이와 함께 크리스마스 트리에 장식해 보는 것도 좋겠지요.

두 번째 수업

03

나무막대를 이용한 위빙 소품 만들기

시원한 수박 만들기 / 달콤한 아이스크림 만들기

나무와 집 만들기 / 맛있고 예쁜 컵케익 만들기 / 나비와 잠자리

lesson 1

시원한 수박 만들기

필요한 재료 나무막대, 패브릭 얀, 태피스트리용 바늘

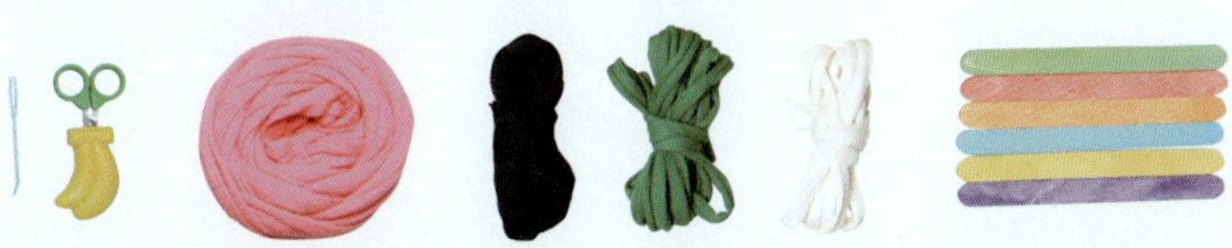

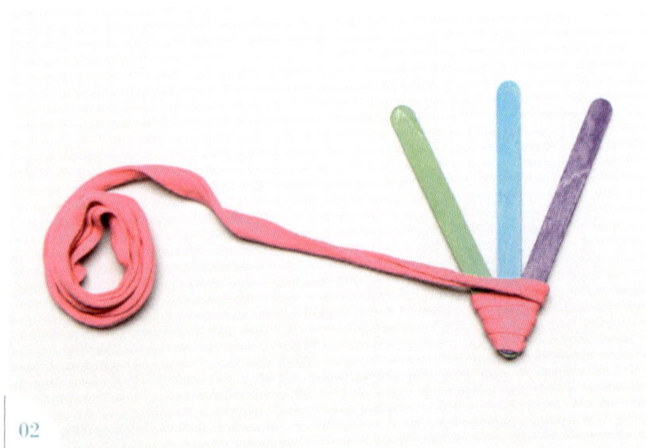

01 02

03

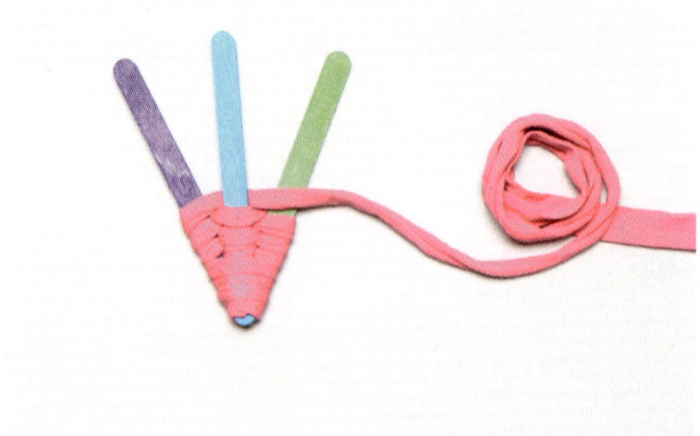

01 사진처럼 나무막대를 화살표 모양으로 고정시켜줍니다.

02 먼저 수박색의 패브릭 얀을 나무막대가 겹쳐지는 끝부분에 먼저 감아주세요.

03 나무막대가 3가닥으로 갈라지는 부분부터는 실을 나무막대의 앞, 뒤로 교차하며 감아줍니다.

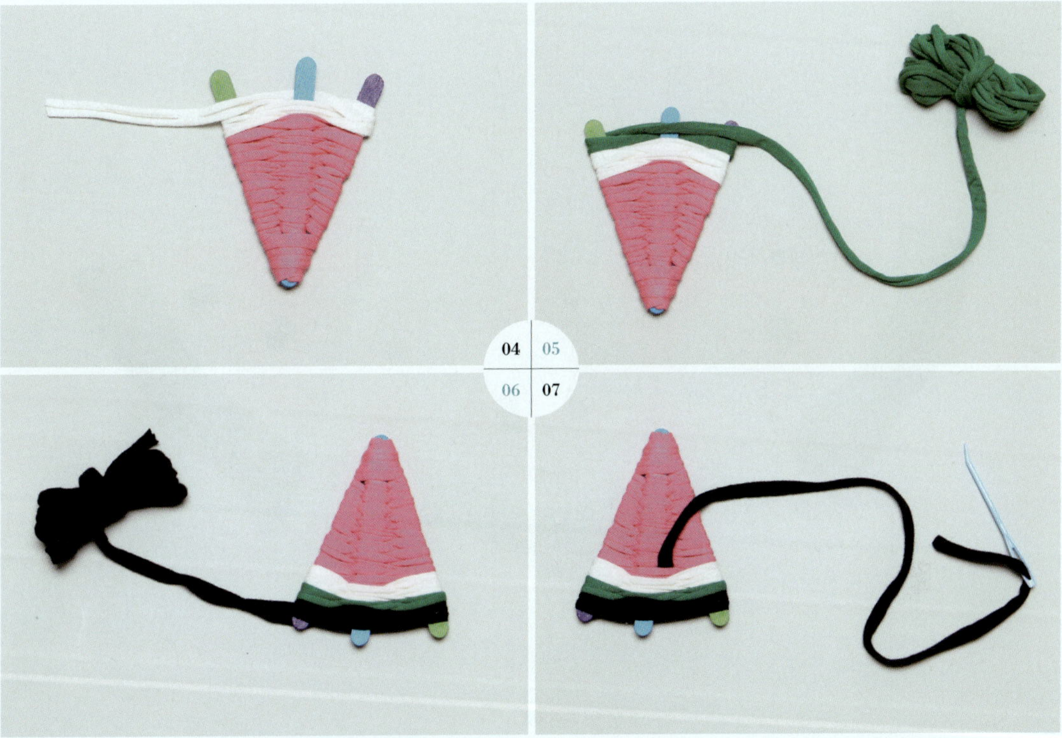

04 05 06 수박색의 패브릭 얀으로 어느 정도 면을 채웠으면 흰색, 초록색, 검정색 순서대로 면을 채워주어요.

07 검정색 실을 이용하여 수박씨를 표현해주세요.

08

Comment

08 쉽고 간단하게 수박 조각을 완성했습니다. 여름에는 아이들과 진짜 수박을 먹으면서 함께 만들어보는 것도 좋겠지요.

패브릭 얀은 소재가 부드럽고 두께감이 있어 아이들과 함께 수업하기에 좋은 재료입니다. 털실뿐만 아니라 다양한 소재들을 위빙에 접목해보세요.

lesson 2

아이들이 좋아하는 달콤한 아이스크림 만들기

필요한 재료 나무막대, 털실, 예쁜 종이, 태피스트리용 바늘

01 사진처럼 나무막대를 화살표 모양으로 고정시켜줍니다.

02 03 단색의 털실을 이용하여 면을 채워줍니다. 나무막대 상단 1~2cm정도만 남겨주고 마무리합니다.

04 두 가지 실을 혼합하여 큰 폼폼이를 만들어주세요. 폼폼이 만드는 방법은 28page를 참고하세요.

05

05 완성된 폼폼이를 글루건이나 목공용 풀을 이용하여 상단의 비워놓은 부분에 고정시켜주세요. 예쁜 패턴이 들어간 종이를 오려서 아래 손잡이 부분에 붙여주면 달콤한 아이스크림이 완성되어요.

Comment

누구나 좋아하는 달콤한 아이스크림을 직접 만들어보세요. 좋아하는 아이스크림의 맛을 상상하며, 그것을 색으로 표현해 보세요. 달콤한 맛은 어떤 색일까? 톡톡 쏘는 상큼한 맛은 어떤 색일까? 아이가 좋아하는 맛의 색과 싫어하는 맛의 색은 또 어떨지 이야기해보세요.

lesson 3

나무와 집 만들기

필요한 재료 나무막대, 털실, 예쁜 종이, 태슬, 우드 구슬

01 02 03

01 나무막대를 사진처럼 고정시켜주세요. 첫 번째 나무막대는 큰 나무가, 두 번째 나무막대는 지붕이, 세 번째 나무막대는 집의 기둥이 될 거예요.

02 집의 기둥과 나무에 실을 나무막대 앞, 뒤로 교차하면서 면을 채워주세요.

03 집은 기둥의 상단 1cm정도를 남겨놓고 마무리해주세요.

04 05

06

04 남겨놓은 1cm 여백에 삼각형 모양의 지붕을 고정시켜주세요. 종이를 오려 만든 문과 우드 구슬, 태슬 장식 등도 준비해주세요.

05 문과 문 손잡이, 태슬 장식 등을 붙여 집을 개성 있게 표현해주세요.

06 2번의 과정을 거친 나무는 폼폼이를 크게 만들어 붙여주세요. 실제 나뭇가지를 살짝 붙여주어도 좋습니다.

07

07 집과 나무가 완성되었습니다. 여러 개를 만들어 모빌처럼 달아주어도 좋겠지요.

Comment

집과 나무를 만들면서 집이라는 공간에 대해 이야기해보세요. 따뜻하고 편안한 공간이 되기 위해 우리가 어떤 노력을 해야 하는지, 그리고 각자 살고 싶은 집의 모습은 어떠한지 이야기해보세요. 그리고 그런 집의 모습을 상상하며 만들어보세요.

Lesson 4

맛있고 예쁜 컵케익 만들기

필요한 재료 나무막대, 다양한 털실, 장식재료

01 02
03

01 컵케익 역시 집의 기둥처럼 4개의 나무 막대를 고정시켜주세요. 집의 기둥은 88page를 참고하세요.

02 아래쪽은 기본 두께의 실을 사용하여, 세로 기둥을 축으로 삼아 실을 앞뒤로 반복하여 걸어주세요.

03 윗부분은 수면사나 털이 몽글몽글한 실을 사용하여 좀 더 풍성하게 실을 감아주시면 자연스럽게 컵케익 모양이 완성되어요.

04

04 폼폼이나 단추, 귀여운 부재료들로 장식해주면 달콤한 컵케익이 완성되어요.

Comment

아이가 원하는 색을 사용하여 컵케익을 만들고, 다양한 부재료를 준비하여 각자 원하는 모양으로 컵케익을 장식할 수 있도록 해주세요. 쿠킹클래스를 한 듯 즐거운 수업이 될 거예요.

Lesson 5

나비와 잠자리

필요한 재료 나무 막대 6개, 털실, 눈 모양 단추, 나뭇가지

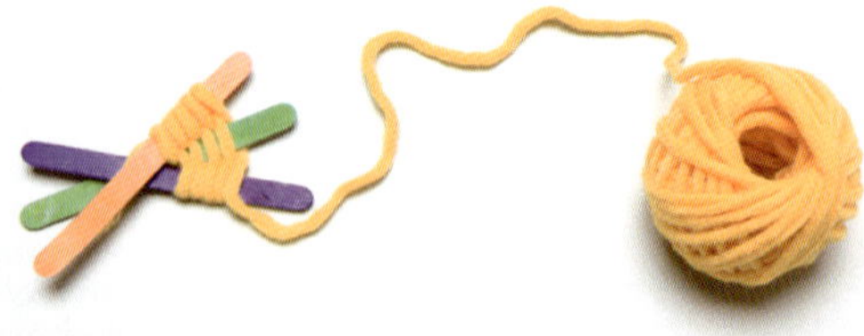

01 02
03

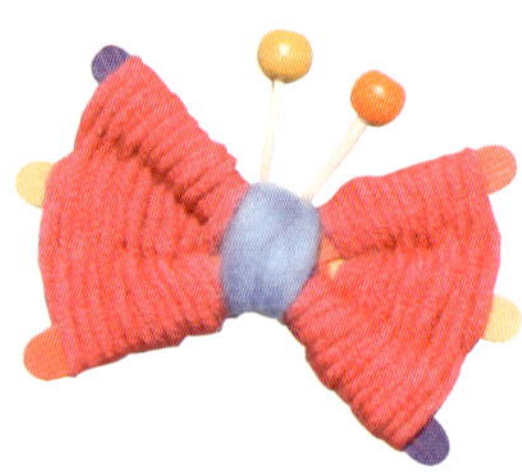

01 나비는 사진처럼 3개의 나무막대를 교차하여 글루건으로 고정시켜주세요.

02 03 3개의 나무막대에 위, 아래, 위 순서대로 실을 교차하여 양쪽 면을 채워준 다음, 작은 나뭇가지에 나무 구슬을 달아 고정시켜 더듬이를 표현해주면 완성입니다.

04 05 06

04 잠자리는 기둥이 될 나무막대 하나와, X자 모양으로 고정한 나무막대를 준비해주세요.

05 06 X자 모양의 막대에 실을 8자 모양으로 교차하며 면을 채워주세요. 그런 다음 기둥에 고정해 주시면 되어요. 동그란 눈을 붙여주면 잠자리가 완성되지요.

Comment

우아한 날갯짓을 하는 것처럼 묘사되지만, 실제로 나비는 그 종류에 따라 날개를 1초에 5번에서 100번까지 흔든다고 합니다. 각자 나비처럼 1초에 몇 번의 날갯짓을 할 수 있는지 놀이와 함께 위빙 나비와 잠자리를 만들어보세요.

KIDS WEAVING CLASS

집 만들기

01 나무막대는 미리 고정을 시켜 준비해놓으세요. 혜윤 어린이에게 나무막대에 위, 아래로 실을 교차하는 방법을 설명해주고 있어요. 아이가 이해하기 쉽게, 아이의 손을 잡고 한두 번만 같이 감아주세요.

02 혜윤이 혼자 위, 아래로 실을 교차하여 아주 잘 감고 있지요.

03 혜윤이와 세은이 모두 집중해서 실을 감고 있어요.

04 조금 더 굵은 양모 실을 사용하였던 세은이는 벌써 실을 다 감고 친구를 기다려주고 있어요.

05

06

07

05 지붕까지 고정시켜준 다음, 예쁜 종이를 오려 문을 만들어주세요. 문손잡이도 우드 구슬을 이용해서 달아주었습니다.

06 아이들이 한 줄 한 줄 위빙하여 예쁜 집이 완성되었습니다.

07 각자 직접 만든 집에 대해 이야기하며 즐거운 시간을 보냈어요.

“

위빙 과정과 실을 선택하는 과정에서 아이가 굵은 것과 가는 것의 의미를
습득하게 되었고 한 칸, 두 칸의 개념도 자연스럽게 알게 되어 유익한 수업이었습니다.
순간 집중력이 필요하고, 손과 머리를 쓰면서도 놀이처럼 즐겁게 할 수 있는 수업이라
앞으로도 계속 아이와 참여하고 싶다는 생각을 하였습니다.
아이는 짧은 시간 집중해서 스스로 새로운 무언가를 만든 것에 대해 아주 만족해하였고,
새로운 친구도 알게 되어 무척 즐거워하였답니다.

세은이 엄마 최은미

5살 아이가 하기에 어렵지 않을까 걱정했지만,
아이가 다양한 실과 재료들에 호기심을 느끼며 수업에 집중하는 모습이 기특하게 느껴졌습니다.
위, 아래를 입으로 반복하며 놀이처럼 수업에 임하는 모습도
새롭게 느껴져서 아주 유익한 수업이었습니다. 아이 또한 새롭고 즐거운 수업을
아주 흥미로워했습니다. 비교적 짧은 시간에 결과물을 볼 수 있어서
아이들에게 적합한 즐거운 놀이수업이라 생각됩니다.

혜윤이 엄마 박현미

”

두 번째 수업

04

룸 없이 태피스트리, 위빙소품 완성하기

종이상자를 이용한 태피스트리 / 종이룸으로 완성하는 태피스트리

종이상자를 이용한 헤어밴드 만들기 / 일회용 플라스틱 컵을 이용한 연필꽂이 만들기

lesson 1

종이상자를 이용한 태피스트리

필요한 재료 종이상자, 경사용 실과 위사에 사용할 다양한 털실, 태피스트리용 바늘

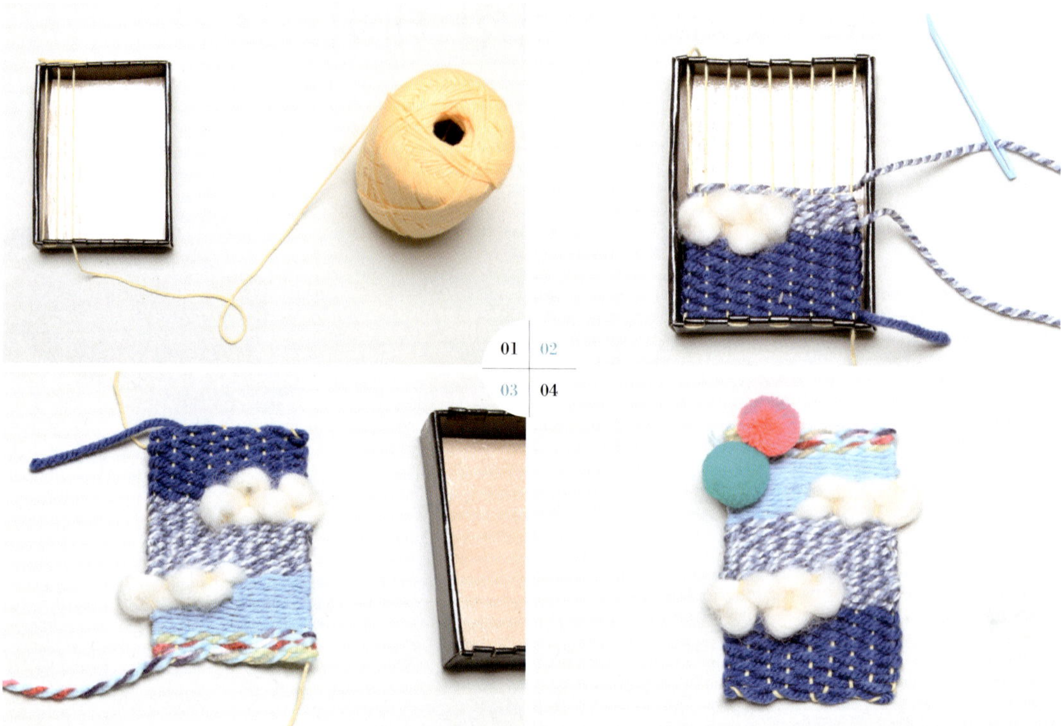

01 버려지는 종이상자를 깨끗이 닦아주세요. 저는 떡이 담겨져 있던 작은 종이상자를 이용하였습니다. 상자에 1cm~2cm 간격으로 가위집을 내고 그 위에 경사를 걸어줍니다.

02 평직 기법을 활용하여 경사 위에 아이들이 좋아하는 색깔의 실들을 걸어줍니다. 양모를 이용하여 구름을 표현해 주기도 하고, 아이들이 마음에 드는 실을 스스로 골라오도록 하면 완성 후 만족도가 더 높아집니다.

03 제일 윗줄까지 위사를 모두 걸어줍니다.

04 위사를 모두 걸었으면 종이상자와 분리해줍니다. 분리할 때는 조심스럽게 다루어주세요.

TIP / 경사의 간격은 아이들의 연령 등을 파악하여 1cm~2cm사이 정도로 조정하여 넓게 잡는 것이 좋습니다.

05

05 이번에는 액자에 넣어 마무리해보겠습니다. 액자의 유리를 떼어내고 프레임만 사용하는 것이 좋습니다. 여러 가지 모양을 만들어서 액자에 넣어, 아이의 작품으로 집안을 장식해 보세요. 아이들 정서에도 큰 도움이 됩니다.

TIP / 위빙룸이나 재활용 상자를 이용하여 만든 작은 태피스트리는 액자에 넣어 장식해도 좋습니다. 아이와 함께 다양한 색실과 모양으로 태피스트리를 만들고 작은 액자에 넣어 아이 방에 장식해주세요. 이때 액자에서 유리를 제거해주시는 게 태피스트리의 입체감이 잘 표현되어요.

Comment

버려지는 종이상자를 이용하면 다양한 크기의 태피스트리를 만들 수 있답니다. 아이와 함께 종이를 자르고 위빙룸을 만들어 다양한 크기의 직조물을 만들어 보세요. 버려지는 종이박스들이 새로운 쓰임이 될 수 있다는 것을 직접 체험할 수 있는, 공부가 되는 위빙놀이입니다.

lesson 2

종이룸으로 완성하는 태피스트리

필요한 재료 두꺼운 종이, 경사용 실, 다양한 털실, 태피스트리용 바늘, 콤, 자, 가위

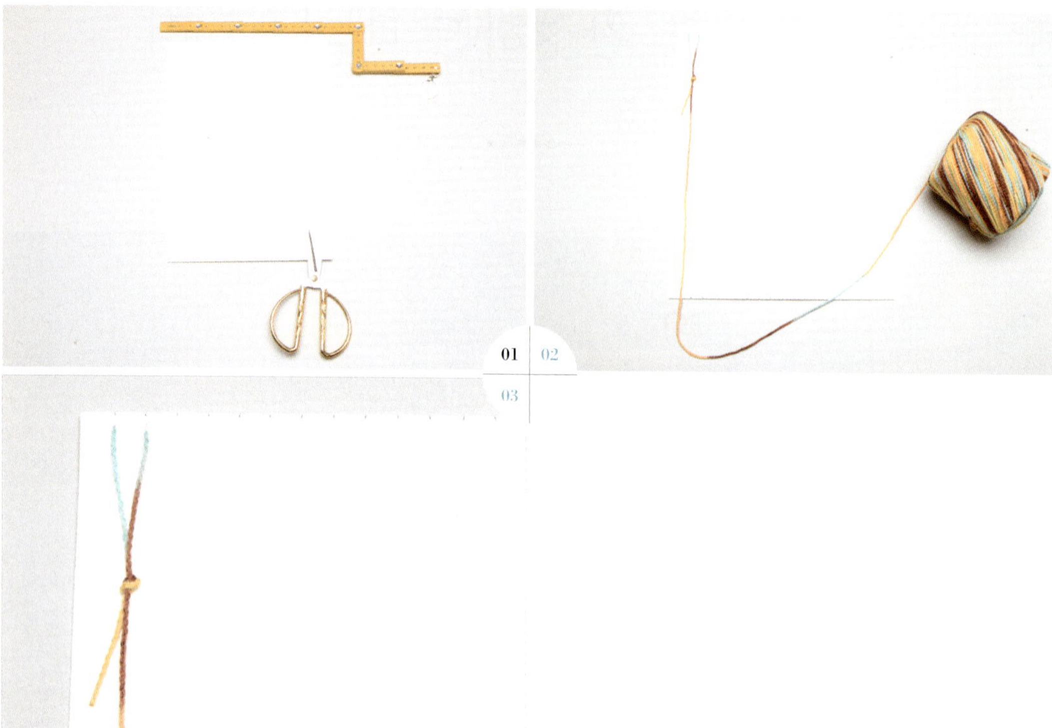

01 두꺼운 종이에 1cm~1.5cm 간격으로 가위집을 냅니다.

02 03 가위집을 낸 종이룸에 경사를 걸어줍니다. 사진처럼 대략 3cm정도가 되는 고리를 하나 만들어 첫 번째 홈에 걸고 시작합니다. 이렇게 고리를 만들고 시작을 하면 마무리하기가 훨씬 수월하답니다.

04

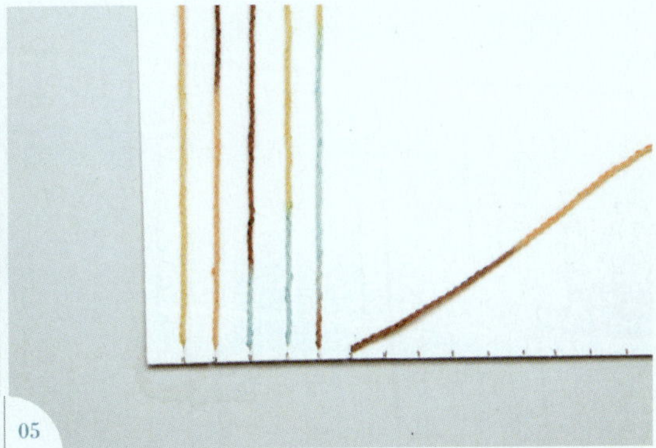

05

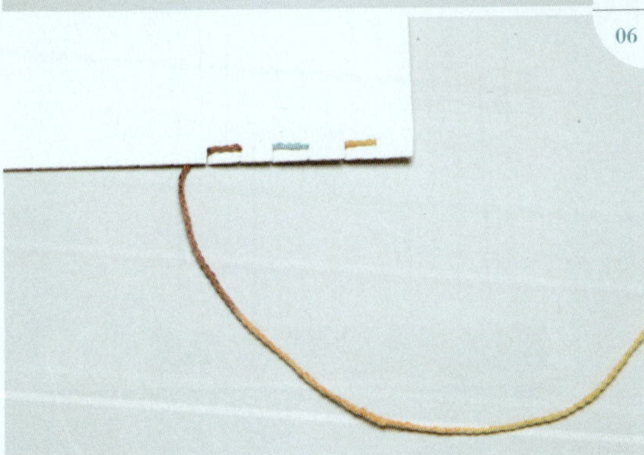

06

04 05 홈에 끼운 경사를 종이 하단의 홈에 걸어주세요. 이때 주의해야 할 점은, 종이 전체를 경사로 둘둘 감아서는 안 된다는 것입니다. 홈에 걸어준 경사는 바로 이웃에 위치한 홈으로 옮겨 걸고, 다시 상단에 있는 홈에 걸어주어야 해요. 이 동작을 반복해서 룸에 경사를 걸어줍니다.

06 종이의 뒷면입니다. 참고하세요.

07 마지막 경사도 시작점과 같은 위치에 고리를 만들고 매듭을 지어 마무리해주세요.

08 경사를 모두 감아주었습니다.

09 10 경사의 아래, 위, 아래, 위를 반복하는 평직기법을 이용하여 대략 8줄 정도를 채워주었습니다. 이 부분은 태피스트리가 완성되었을 때 겉으로 보이는 부분이 아니라, 프린지를 달기 위한 지지대 역할을 해주는 부분입니다.

11 이제 프린지를 달아주세요. 기둥이 없는 종이롬에 프린지 다는 법은 24page를 참고하세요.

12 프린지는 여러 가지 색을 섞거나 길이를 다르게 하여 개성 있게 표현할 수 있습니다.

13 이제 평직으로 면을 채워보겠습니다.

14 평직으로 칸을 두 칸씩 줄여가며 실을 쌓으면 사진처럼 사선으로 면을 채울 수 있어요.

15

16

17

15 이제 다른 색의 털실을 사용하여 오른쪽 면을 채워볼까요? 평직으로 똑같이 면을 채워주면 되는데요, 이때 한 가지 주의할 점은 색이 전환되는 부분의 경사와 경사 사이가 벌어지지 않도록 사진처럼 왼쪽의 위사에 실을 걸어주어야 합니다.

16 17 사진처럼 왼쪽의 위사에 실에 걸고 다시 평직으로 진행하면 되어요. 왼쪽 면도 같은 방법으로 계속 채워주세요.

18 19 아랫부분에 넣었던 프린지 기법을 활용하여 중간 중간 포인트 장식을 더해도 좋겠지요?

20 21 이제 양모를 넣어 볼까요? 양모를 평직으로 넣은 다음, 바늘 끝이나 손으로 입체감 있게 살짝 들어 올려주시면 됩니다. 39page에서 구름을 표현했던 방법을 참고해주세요.

22 23
24 25

22 지금까지 잘 따라오고 계신가요?

23 계속해서 원하는 색상의 털실을 이용하여, 평직으로 면을 채워주세요.

24 다양한 색을 사용하여 개성 있게 표현해보세요.

25 경사를 걸 때 만들어 주었던 고리의 매듭 부분까지 위사로 채워주시면 됩니다. 이제 면을 모두 채웠습니다.

26

27

28

26 종이에서 경사를 하나씩 분리해 주세요.

27 28 분리한 경사는 매듭을 짓고 고리를 만들어주시면 되어요. 이때 처음과 끝 경사에는 매듭이 이미 있지만, 한 번씩 고리를 더 묶어주셔야 전체 고리의 길이가 일정해진답니다.

29 30 두 번째 경사도 같은 방법으로 종이에서 분리한 뒤 매듭을 지어 고리를 만들어주세요.

31 32 나머지 경사도 모두 사진처럼 매듭을 지어 고리를 만들어주세요.

33

34

35

33 아래쪽 경사 역시 종이에서 천천히 분리해주세요.

34 종이룸에서 분리된 모습입니다. 지저분한 실은 모두 정리해주시고, 프린지도 가지런하게 잘라주세요.

35 위쪽 고리에 나뭇가지를 걸어 주시면 완성입니다. 나뭇가지가 없을 때는 종이빨대를 이용해도 좋겠지요.

36

36 종이룸을 이용한, 멋진 태피스트리가 완성되었습니다.

Comment

종이상자로 태피스트리를 만들 때에는 두껍고 힘 있는 종이를 사용하는 것이 좋아요. 처음부터 너무 큰 상자로 도전하기보다는 작은 상자로 먼저 만들어보고 도전해보세요.

lesson 3

종이상자를 이용한 헤어밴드 만들기

필요한 재료 종이상자 또는 두꺼운 도화지, 헤어밴드에 사용할 털실(계절에 맞게 준비해주세요), 태피스트리용 바늘, 헤어밴드대

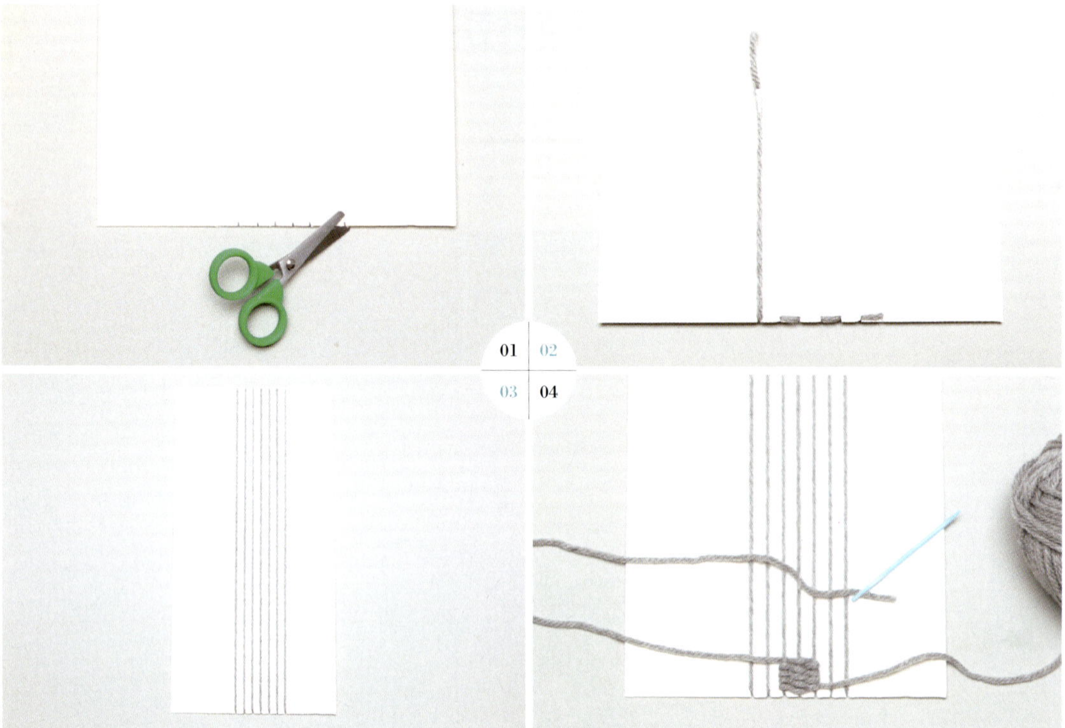

01 종이 위에 1cm간격으로 7개의 가위집을 내어줍니다.

02 03 경사로 사용할 실을 뒷면에 테이프로 고정하고 가위집 사이로 경사를 걸어줍니다.

04 경사를 모두 감았으면, 사진처럼 가운데 3줄만 평직으로 위사를 계속 쌓아주세요.

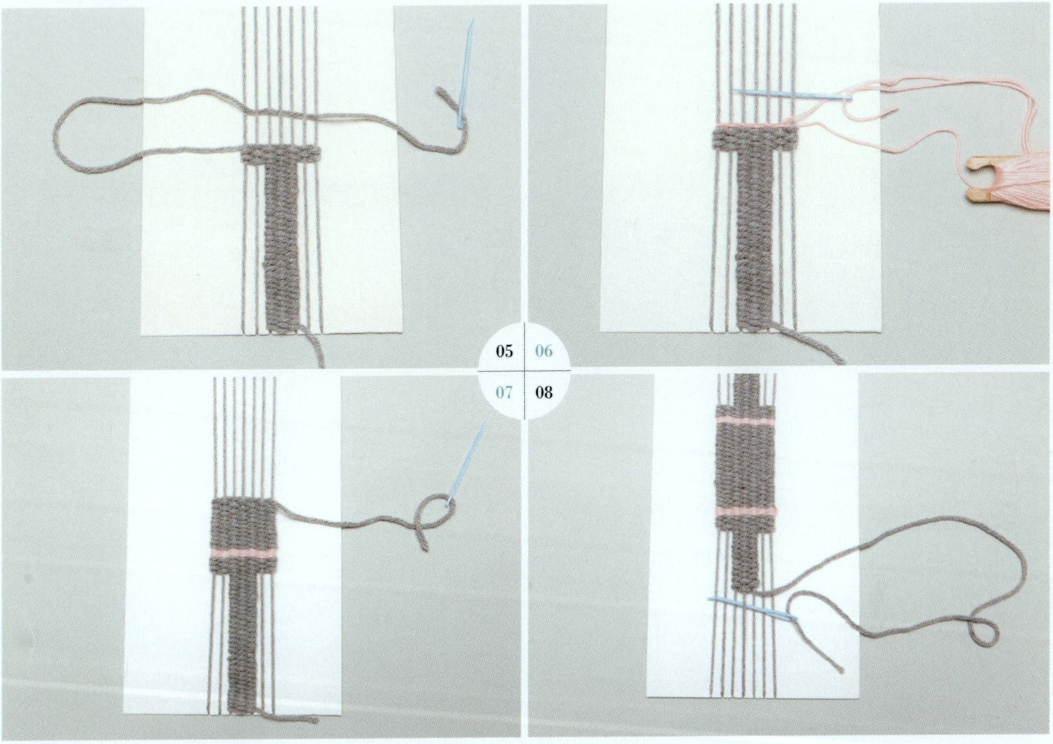

05 위사를 1/3정도 걸었으면 이제부터는 5줄의 경사 전체에 모두 위사를 걸어줄게요.

06 07 중간 중간 예쁜 색실로 포인트를 넣어줍니다.

08 다시 경사 3줄만 위사를 쌓아주세요.

순서는 경사3줄 → 경사전체 → 경사3줄 입니다. 이렇게 하시면 사진처럼 완성되어요.

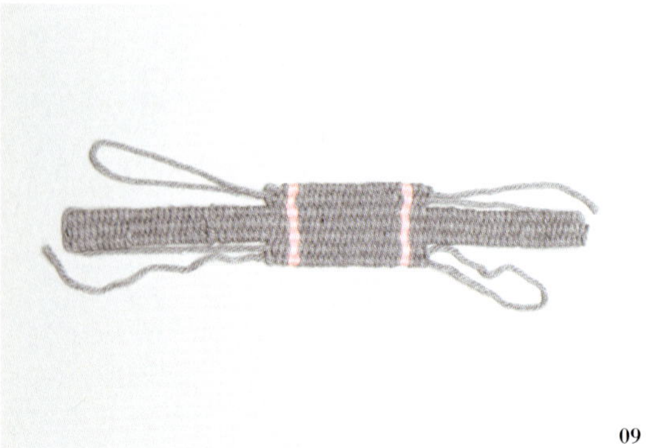

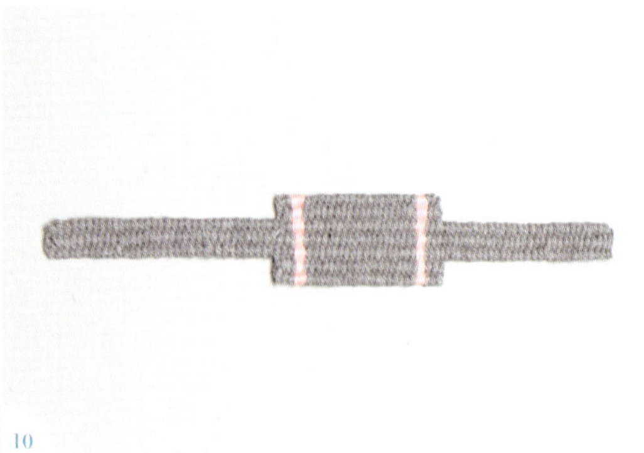

09 10

11

09 직물을 종이 위빙룸에서 떼어내어 분리한 뒤, 위사 부분을 제외한 다른 실들은 뒤쪽으로 매듭처리해주세요.

10 매듭정리 후 깔끔한 모습으로 완성이 되었어요.

11 직조 가운데를 털실이나 끈을 이용하여 단단하게 묶어, 리본모양을 만들어주세요.

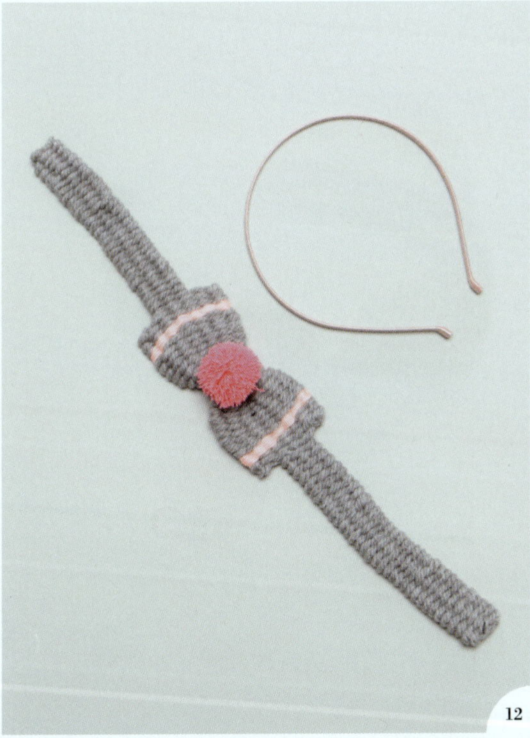

12

13

12 13 아이와 함께 귀여운 폼폼이나 단추 등의 장식을 골라 장식을 더한 뒤 헤어밴드대에 붙이면 완성입니다.

14

Comment

14 다른 색으로도 완성해 보았습니다. 엄마가 직접 만들어주시면 더욱 좋겠지요.

집집마다 버려지는 종이상자가 참 많지요. 종이상자는 재질이 튼튼하면서도 딱딱하지 않아서 종이를 오리거나 가위집을 내기가 어렵지 않아요. 그래서 위빙룸을 만들기에 좋은 재료입니다. 아이들과 함께 작업하기에도 좋고, 엄마가 아이를 위해 만들어 주셔도 좋은 헤어밴드를 종이상자 위빙룸으로 만들어보세요.

write
something
TODAY
even
IF YOU FEEL
depressed

lesson 4

일회용 플라스틱 컵을 이용한 연필꽂이 만들기

필요한 재료 일회용 플라스틱 컵, 다양한 색상의 털실, 가위

01 일회용 플라스틱 컵을 깨끗이 닦아 준비한 뒤, 총 9칸이 생길 수 있게 잘라줍니다. 이때 컵의 바닥끝까지 가위집을 내어서는 안 되고 바닥 쪽에서 약 1cm정도는 여유를 남겨두어야 합니다.

02 위사의 시작 부분을 가위 틈 사이에 끼워놓고, 안쪽과 바깥쪽을 교차해 돌아가며 위사를 계속 감아줍니다.

03 04 중간 중간 색을 바꿔주어도 좋아요. 색을 바꿀 때도 역시 가위 틈 사이에 실을 끼워놓고 시작하세요.

TIP / 아이들과 함께 만들 때는 너무 얇은 실은 힘들어요. 적당히 두께가 있는 실이 좋아요.

05 | 06
07 | 08

05 06 끝까지 실을 다 감아준 다음 매듭정리를 하면 연필꽂이가 완성되어요. 플라스틱 컵에 실을 탄탄하게 감았기 때문에 아주 튼튼한 연필꽂이가 되었어요.

07 08 연필꽂이 외에도 위빙한 컵에 공기정화식물이나 방향제를 담아 창문에 걸거나, 아이들 방에 소지품을 넣어두는 바구니로 사용해도 좋아요.

Comment

버려지는 플라스틱 용기들을 이용하여 아이의 소품을 담을 수 있는 바구니나 연필꽂이 등을 만들 수 있습니다. 굵은 실을 사용하면 비교적 쉽고 빠르게 완성할 수 있는 아이템이니, 아이가 직접 장난감이나 학용품들을 정리할 수 있도록 정리함을 함께 만들어 보는 것도 좋겠지요.

TIP 비닐 태피스트리

종이상자, 플라스틱 컵, 비닐 등 그동안 우리가 쉽게 버린 것들이 때로는 좋은 작품으로, 다시 우리가 사용할 수 있는 물건으로 재탄생되는 것을 보여줌으로써 아이들이 재활용이나 환경에 조금이라도 관심을 가질 수 있도록 하는 것 또한 수업의 중요한 목적입니다.

example 1

01 02 03 비닐봉지를 길게 잘라 실로 만든 다음 위사로 사용하여 완성한 태피스트리입니다. 버려지는 것의 재활용과 새로운 쓰임에 대해서 아이들과 이야기해보세요.

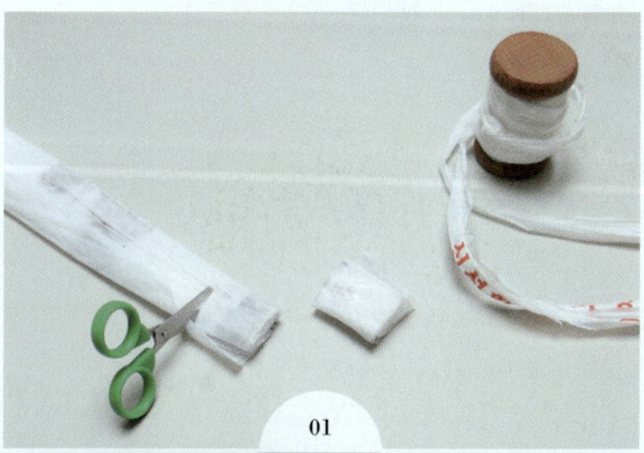

01

02

03

컵 위빙

01 02 가위집을 내어준 플라스틱 컵에 유주 어린이가 실을 교차하여 감아주고 있습니다.

TIP / 아직 유치원생인 아이가 어렵지 않고 쉽게 완성할 수 있도록 실은 조금 두꺼운 실을 사용했습니다.

03 가위집을 내어준 플라스틱 컵의 모양이 처음에는 힘이 없어 자꾸 흐트러질 거예요. 엄마나 선생님이 손을 넣어 모양을 잡아주시면 아이가 훨씬 수월하게 위빙을 할 수 있어요.

04 중간에 어린이가 직접 고른 실도 넣어주고, 폼폼이 장식도 더해서 완성했습니다. 아주 쉽고 간단하게 완성이 되어 아이들이 짧은 순간 집중할 수 있으며, 완성품에 대한 만족도도 높습니다. 조금 틀리거나 모양이 바르지 못해도 아이 스스로 완성할 수 있도록 도와주세요.

05 자신이 좋아하는 색으로 직접 만들어서인지, 소중하게 손에 꼭 쥐고 있는 모습이 귀엽지요.

세 번째 수업

아이를 위해, 행복한 위빙

세 번째 수업

01

나뭇가지를 활용한 위빙 소품 만들기

나뭇가지로 만드는 물고기 가족

나뭇가지로 만드는 위빙 목걸이 · 가랜드

Lesson 1

나뭇가지로 만드는 물고기 가족

필요한 재료 둥근 모양의 나뭇가지 2개, 털실, 패브릭 얀, 눈 모양의 단추, 폼폼이

01 02

03

01 둥근 모양의 나뭇가지를 두 개 준비하여 사진처럼 물고기 모양으로 고정시켜주세요. 고정시킬 때는 글루건을 사용했습니다.

02 03 먼저 물고기의 입이 될 부분부터 실을 감아주세요. 실을 감을 때는 위에서 아래로, 아래에서 위로 움직이면서 8자 모양이 되도록 실을 교차해서 감아주세요. 입을 모두 감았으면 그 다음은 아가미, 몸통, 꼬리 순서대로 아이가 원하는 색의 실로 모두 감아주세요.

04 05 06 지느러미를 표현해볼 차례입니다. 지느러미 다는 법은 고슴도치의 가시 다는 방법과 같습니다.

149page를 참조하세요.

07 지느러미는 가지런하게 잘라주고, 눈을 달아주면 완성입니다.

08

08 길이가 다른 나뭇가지를 준비하여 물고기 가족을 만들어보세요.

09

09 나무에 걸어주거나 나뭇가지에 연결하면 멋진 장식품이 되어요.

Comment

물고기를 만들면서 입과 눈, 아가미, 비늘, 지느러미 등 각 부위의 명칭과 물고기가 어떻게 숨을 쉬는지에 대해서도 함께 공부해보세요.

Lesson 2

나뭇가지로 만드는 위빙 목걸이

필요한 재료 얇은 나뭇가지, 다양한 색실과 양모, 생화나 조화, 폼폼이와 태슬 장식품

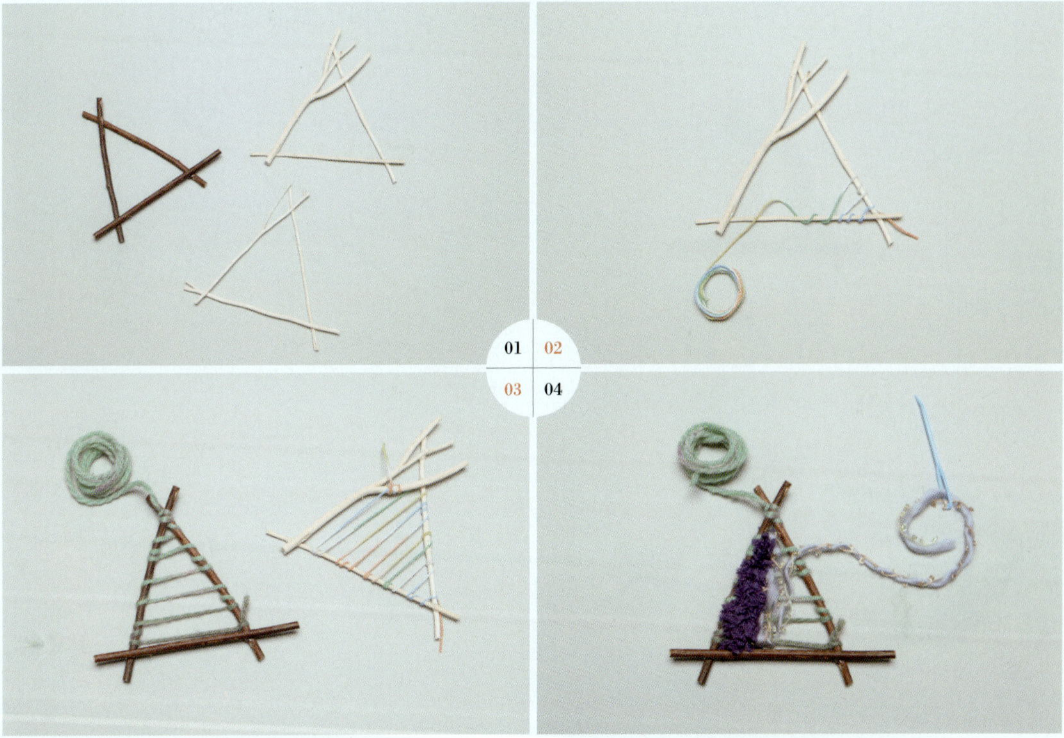

01 얇은 나뭇가지를 삼각형 모양으로 만들어 글루건이나 목공용 풀로 고정시켜주세요. 사각형 모양도 괜찮아요.

02 03 삼각형 모양을 따라 경사를 단단하게 감아주세요. 경사는 간격 조정을 위해 제자리에서 한번 감은 뒤 8자 모양으로, 또 제자리에서 한번 감은 뒤 8자 모양으로 감기를 반복하여 원하는 폭만큼 경사를 감아 줍니다. 감아준 다음, 글루건이나 목공풀을 이용하여 경사가 움직이지 않게 고정해주었어요.

04 경사의 모양에 따라 위사를 위, 아래로 교차하며 걸어줍니다.

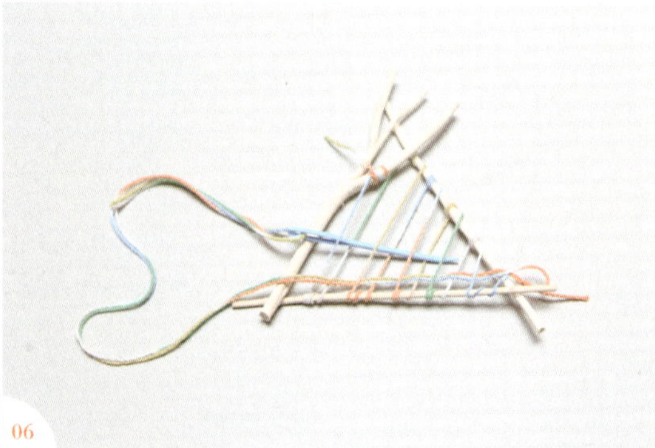

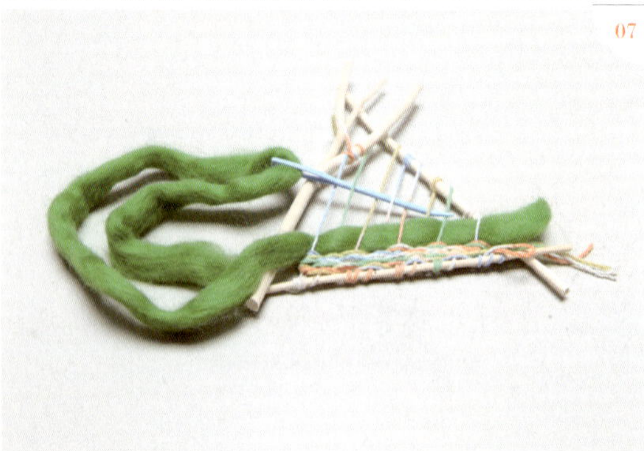

05 06
07

05 중간 중간 실도 바꿔주고 양모나 생화, 드라이플라워등도 경사 사이에 걸어주세요. 귀여운 장식을 더해주면 위빙 목걸이가 완성되어요.

06 07 이번에는 양모와 털실만으로 완성해보겠습니다.

08

08 다양한 소재를 엮어서 3가지 위빙목걸이를 완성해보았습니다. 목걸이로 사용할 수 있도록 끈을 달아주면 되어요. 목걸이뿐 아니라 벽장식이나 가랜드로 활용해도 좋습니다.

Comment

생화나 드라이플라워 등의 다양한 재료와 다양한 컬러의 색실을 사용하여 아이의 창의력을 높여주세요.

KIDS WEAVING CLASS

위빙 목걸이

01 5세 혜윤 어린이와 6세 세은 어린이입니다.

02 나뭇가지로 삼각형을 만들고 경사를 감는 것까지는 엄마와 선생님이 준비해주세요.

03 경사의 간격이 넓어 손으로 위사를 걸어도 되지만, 아이들이 바늘에 실을 넣어서 하고 싶어 하네요. 자신들이 직접 바늘에 실도 꿰었어요.

04 각자 좋아하는 색의 실을 가져오도록 하면 집중력이 더 높아져요. 적당한 길이로 실을 잘라, 위사를 계속 걸어줍니다.

05 06 방향이 조금 틀려도 괜찮습니다. 열심히 집중하는 꼬마 아가씨들이 너무 사랑스럽지요?

07 작은 꽃장식이나 폼폼이를 달아 더 사랑스럽게 완성해주었어요. 목에 걸고 기념사진도 남겼습니다. 집에 갈 때까지 계속 걸고 가겠다며 아이들이 무척 좋아했습니다.

오랜 시간이 걸리는 작품이 아니라,
아이들이 짧게 집중해서 완성하기에 적합합니다.
또 자기가 좋아하는 색을 사용하여 만족도가 높고,
아이들의 색감 향상에도 도움이 되겠지요.
위빙은 즐거운 놀이입니다.

위빙 선생님 오은미

세 번째 수업

02

종이접시를 활용한 위빙 소품 만들기

고슴도치 가족 / 시원한 여름에 잘 어울리는 수박 핸드백 / 무지개 벽장식

Lesson 1

고슴도치 가족

필요한 재료 원형 종이접시, 태피스트리용 바늘, 고슴도치의 몸과 가시를 표현해 줄 털실, 눈과 코, 귀를 표현해 줄 부재료

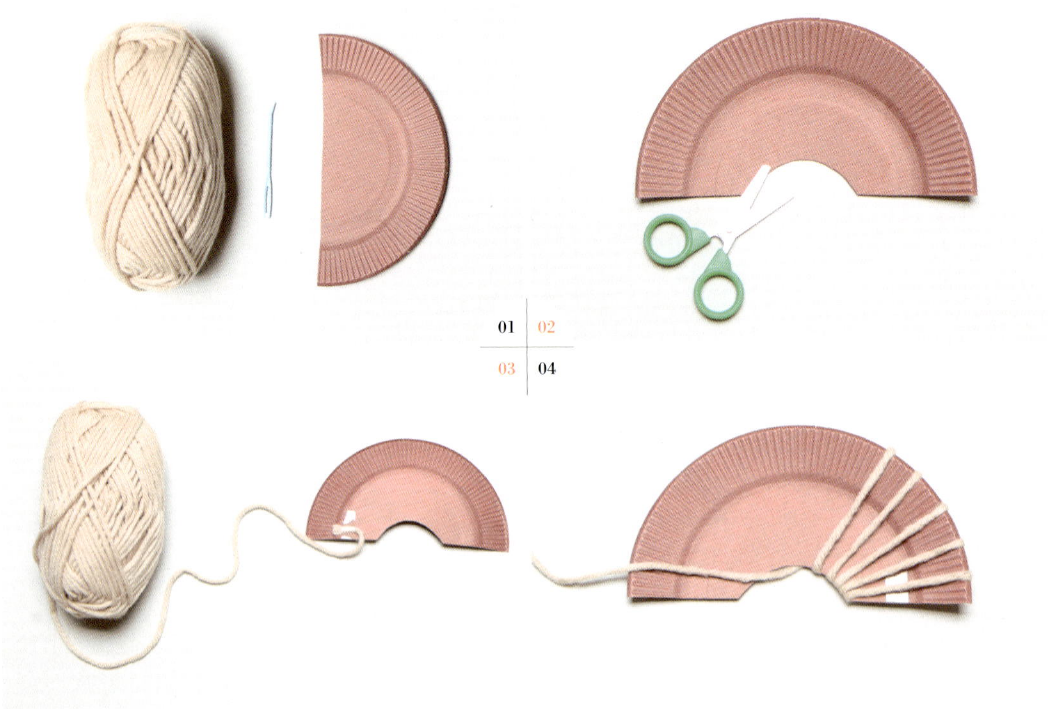

01 원형 종이접시를 반으로 잘라 준비합니다.

02 반으로 자른 원형 접시의 가운뎃부분을 조금 넓고, 둥그렇게 잘라줍니다.

03 테이프나 글루건을 이용하여 접시의 뒷면에 경사의 시작을 고정해줍니다.

04 사진처럼 경사를 원형 접시 전체에 감아주세요. 마지막 역시 테이프나 글루건으로 고정하여 경사가 움직이지 않도록 해주세요.

TIP / 아이들이 직접 글루건을 사용하는 것은 위험하니, 경사까지 다 감아서 수업을 준비해주세요.

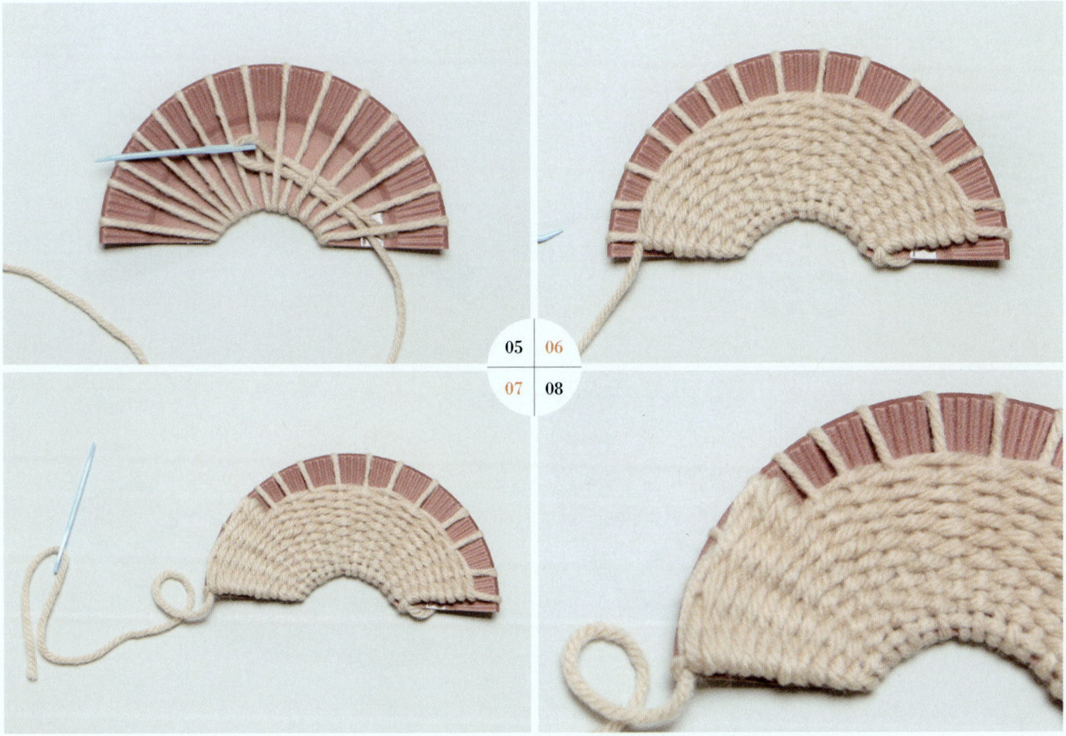

05 06 평직 기법을 이용하여 좌우를 왕복하면서 고슴도치의 몸을 완성해주세요.

07 08 종이접시의 위쪽 1.5cm 가량을 남겨두고, 그 다음부터는 얼굴이 될 부분에만 평직을 반복해주세요.

09 10
11 12

09 이제 가시를 만들어볼게요. 가시가 될 털실을 15cm정도 길이로 잘라줍니다.

10 11 12 가시가 될 실을 경사 2줄의 아래쪽으로 걸어주고, 경사 2줄 사이의 실을 살짝 들어올려 고리를 만들어 줍니다. 그런 다음 고리 안쪽으로 양쪽의 실을 넣어주면 가시가 표현되어요.

20page의 프린지 다는 법을 참고하세요.

13 얼굴 부분을 제외한 경사에 가시를 모두 달아주었어요.

14 가시가 좀 더 풍성해보이도록 가시를 한 줄 더 달아줄 거예요. 이때 첫 번째 가시를 1번과 2번 경사에 달아주었다면, 두 번째 줄의 가시는 2번과 3번 사이에 달아주세요.

15 가시는 가지런하게 정돈합니다.

16 17
18

19

16 17 18 눈과 귀, 코를 귀엽게 달아주면 고슴도치가 완성되어요.

19 뒤쪽 경사에 고리를 달아 아이들 방에 걸어주세요.

Comment

고슴도치 새끼는 엄마 뱃속에서는 가시를 피부 속에 숨기고 있다가, 태어난 후 3일 정도가 지나면 가시가 나오기 시작해 어미가 새끼를 낳으면서 다치지 않는다고 해요. 가시는 적을 공격할 뿐 아니라 고슴도치가 높은 곳에서 떨어져도 다치지 않도록 몸을 보호하기도 한답니다. 재미있는 고슴도치 이야기와 함께 수업을 진행해 보세요.

Lesson 2

시원한 여름에 잘 어울리는 수박핸드백

필요한 재료 원형 접시 1개, 수박을 표현해 줄 털실 또는 패브릭 얀, 태피스트리용 바늘, 리본 끈

01 원형접시를 반으로 잘라줍니다.

02 반으로 자른 원형접시 두 조각 중 한 조각에만 가운데 홈을 둥글고 넓게 잘라냅니다.

03 홈을 판 접시에 수박색의 패브릭 얀으로 경사를 감아줍니다. 경사 감는 법은 149page 고슴도치 위빙을 참조하세요.

04 경사로 사용한 패브릭 얀을 위사로 걸어줄 거예요. 좌우로 왔다갔다 반복하며 면을 채워주세요.

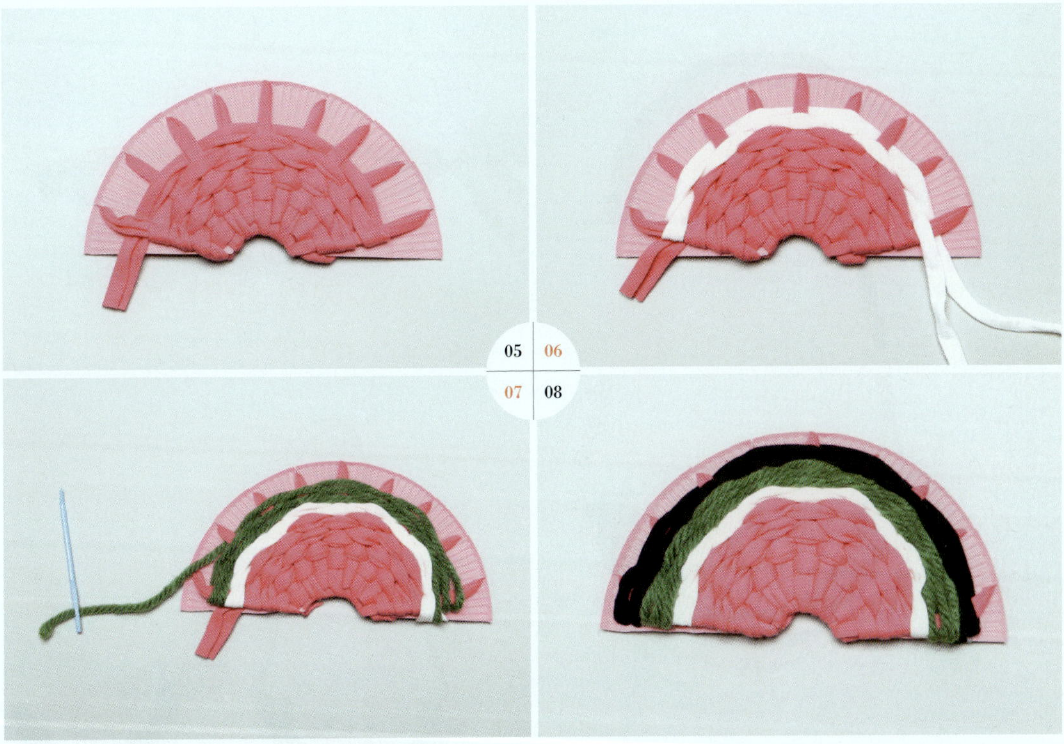

05 수박색 실로 면을 2/3 정도 채워 주세요.

06 07 08 이제 흰색과 초록색, 검정색 순서대로 위사를 걸어주면 수박이 완성되어요.

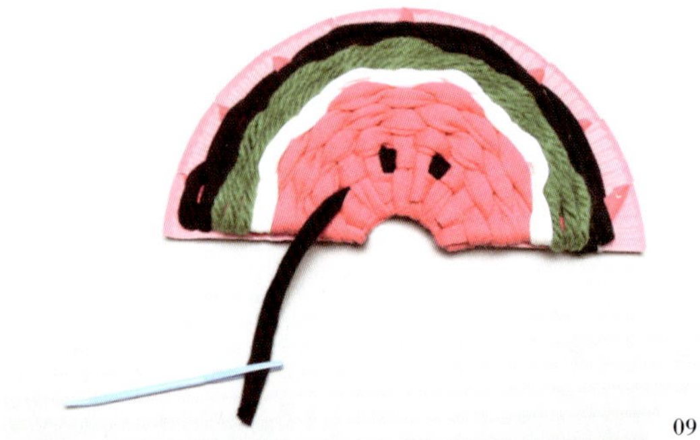

09 10

11

12

Comment

직접 만든 작품은 집에 걸어두기만 하는 것보다 직접 사용할 때 더 만족감이 커지겠지요. 직접 만든 수박 핸드백에 자신이 좋아하는 소품을 넣어 외출하는 기분은 정말 좋을 거예요. 시원한 여름 원피스에 잘 어울리는 직접 만든 수박 핸드백으로 우리 아이의 외출하는 발걸음이 가볍습니다.

09 검정색 실로 수박씨를 표현해주세요.

10 반으로 잘라둔 나머지 한 장을 붙여주세요. 글루건이나 풀을 이용하여 원형접시 두 개의 아래쪽 동그란 부분만 같이 붙여주세요.

11 12 귀여운 장식과 끈을 달아주면 여자아이들이 소지품을 넣어 다닐 수 있는 핸드백이 완성됩니다.

TIP 귀여운 새 모양의 위빙 핸드백

수박핸드백과 같은 방법으로 만들 수 있는 아이템입니다. 위사의 변화만으로도 다양한 모양의 핸드백을 만들 수 있겠지요.

Lesson 3

무지개 벽장식

필요한 재료 무지개 색상의 양모와 털실, 원형접시, 경사용 털실, 얇은 털실, 폼폼이

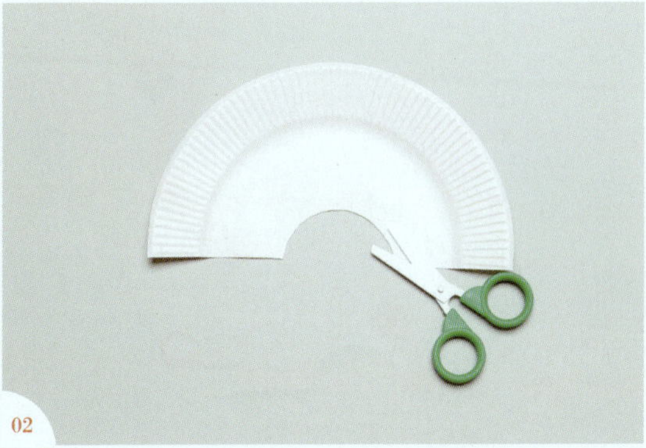

01 02 03

01 원형의 종이접시를 반으로 잘라주세요.

02 반으로 자른 원형접시의 가운뎃부분을 조금 넓고, 둥그렇게 잘라줍니다.

03 흰색 털실을 이용하여 사진처럼 종이 접시에 실을 돌려가며 경사를 감아줍니다. 경사의 시작과 끝은 뒤쪽에서 테이프나 글루건으로 고정시켜주세요.

04 05 빨간색의 양모부터 경사에 걸어주세요. 이때 위사, 빨간 양모는 04번 사진처럼 뒤쪽 경사에 걸어주고 시작하면 좋습니다. 다른 색들도 마찬가지겠지요.

06 07 빨주노초 무지개 색상 순서대로 위사를 걸어주세요. 이때 아이가 생각하는 무지개 색상을 자유롭게 표현해 보도록 하는 것이 좋습니다.

08 무지개가 완성되었습니다.

09 동그랗게 만든 폼폼이는 윗부분이 삼각형 모양이 되게 다듬어 주면 물방울 모양 폼폼이가 되어요.

10 11 물방울 폼폼이와 무지개를 연결시켜줄 얇은 실의 끝에 매듭을 지어주고, 폼폼이 아래에서 위로 실을 통과시켜줍니다.

12

13

14

15

12 13 사진처럼 물방울 폼폼이에 얇은 실을 연결시켜 놓은 다음, 무지개의 뒷면 경사에 묶어 고정시켜주어요.

14 15 무지개 벽장식이 완성되었습니다.

Comment

무지개는 태양의 반대쪽에 비가 올 경우, 그 물방울에 비친 태양 광선이 물방울 안에서 반사 · 굴절되어 나타나는 현상이에요. 아이들과 무지개에 대해 이야기한 뒤, 색색의 털실과 양모를 이용하여 무지개와 물방울을 직접 만들어보세요. 다양한 실을 사용할 수 있어, 간단하면서도 재미있게 만들 수 있는 위빙 소품입니다.

KIDS WEAVING CLASS

무지개 벽장식

01 02
03 04

01 유주가 직접 색도 골라 오고, 종이접시의 반을 잘라 홈까지 내어 주었습니다.

02 유주가 위사를 걸 수 있도록 경사를 감아 고정해주고, 위빙을 시작해봅니다.

03 04 05 무지개 색을 기억하면서 빨강, 주황, 노랑 순서대로 위사를 계속 걸어줍니다.

05 06

07 08

06 양끝의 지저분한 실들은 완성 후 잘라내거나 뒤로 넘겨 글루건이나 목공용 풀로 고정해 주면 되어요.

07 어느덧 무지개가 완성이 되었어요.

08 폼폼이를 만들어 물방울을 표현해주시면 완성되어요. 유주의 무지개 오브제가 완성되었네요. 폼폼이 만드는 법은 28page를 참고해주세요.

세 번째 수업

03

위빙으로 만드는 액세서리

위빙팔찌 만들기 ／ 리본헤어핀 만들기

위빙으로 만드는 축하카드 · 낱말카드 ／ 엄마와 함께 만드는 위빙인형

Lesson 1

위빙팔찌 만들기

필요한 재료 위빙룸, 예쁜 털실(시즌에 맞추어 여름용 실과 겨울용 실로 준비해주세요.) 각종 부재료

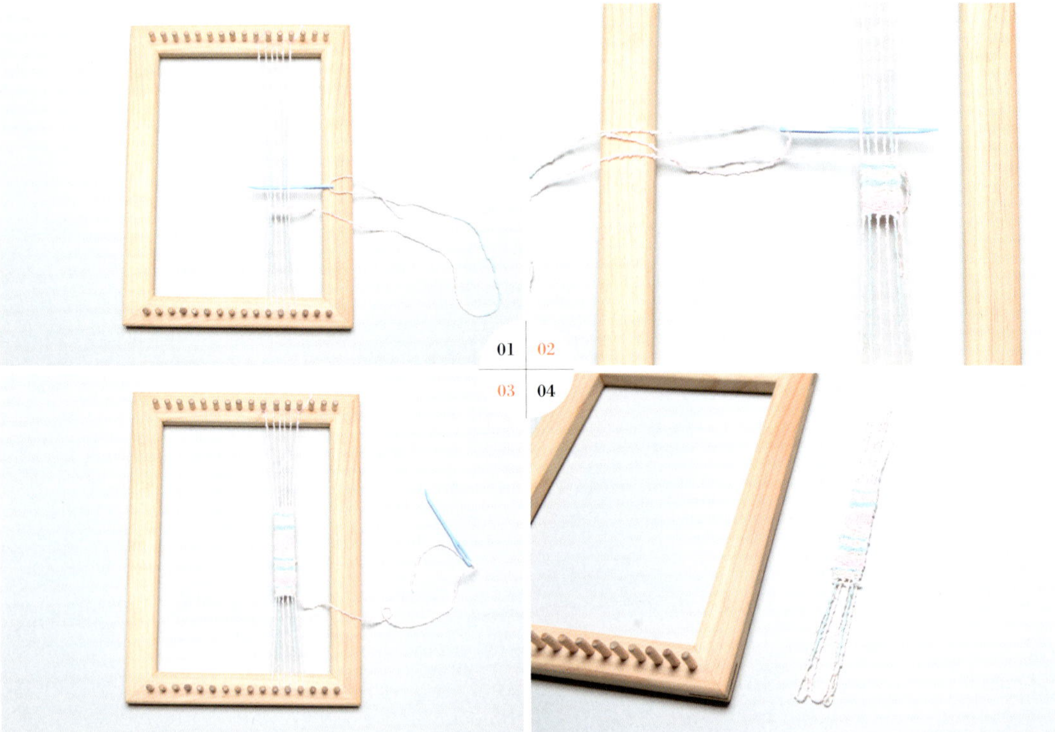

01 6줄이 되도록 경사를 감아주세요. 팔찌가 경사의 중앙에 올 수 있도록 경사의 가운데 부분에 위사를 쌓아줍니다.

02 6줄의 경사 간격은 아이의 팔목에 맞게 폭을 조정해 가며 위사를 걸어주는 것이 좋습니다.

03 그라데이션이 되어 있는 실을 사용하시면 중간에 실을 바꿀 필요 없이 다양한 색으로 표현되어요.

04 이제 위빙룸에서 분리시켜준 다음, 양쪽의 경사를 두 줄씩 나누어 머리 땋기 방식으로 땋아주시면 팔찌의 끈이 되어요.

05

05 완성한 팔찌에는 아이와 함께 귀여운 액세서리를 달아주세요. 양쪽 끈을 이용하여 팔찌를 아이들의 팔목에 묶어 주시면 되어요.

06

Comment

06 가을, 겨울에는 좀 더 따뜻한 느낌로 팔찌를 만들어보세요.

여자아이들은 엄마의 액세서리에도 관심이 많지요. 멋 내기를 좋아하는 아이들은 그만큼 호기심이 많고, 에너지가 많다고 합니다. 우리 아이가 직접 만든 소품으로 멋쟁이가 될 수 있도록 아이와 함께 만들어보세요. 엄마와 아빠, 또는 친구와 커플아이템으로도 좋겠지요. 커플아이템을 만들면서 공감대를 형성하는 시간을 가져보세요.

Lesson 2

리본헤어핀 만들기

필요한 재료 위빙룸, 털실(계절에 맞게 준비해주세요), 머리핀대, 태피스트리용 바늘, 부재료

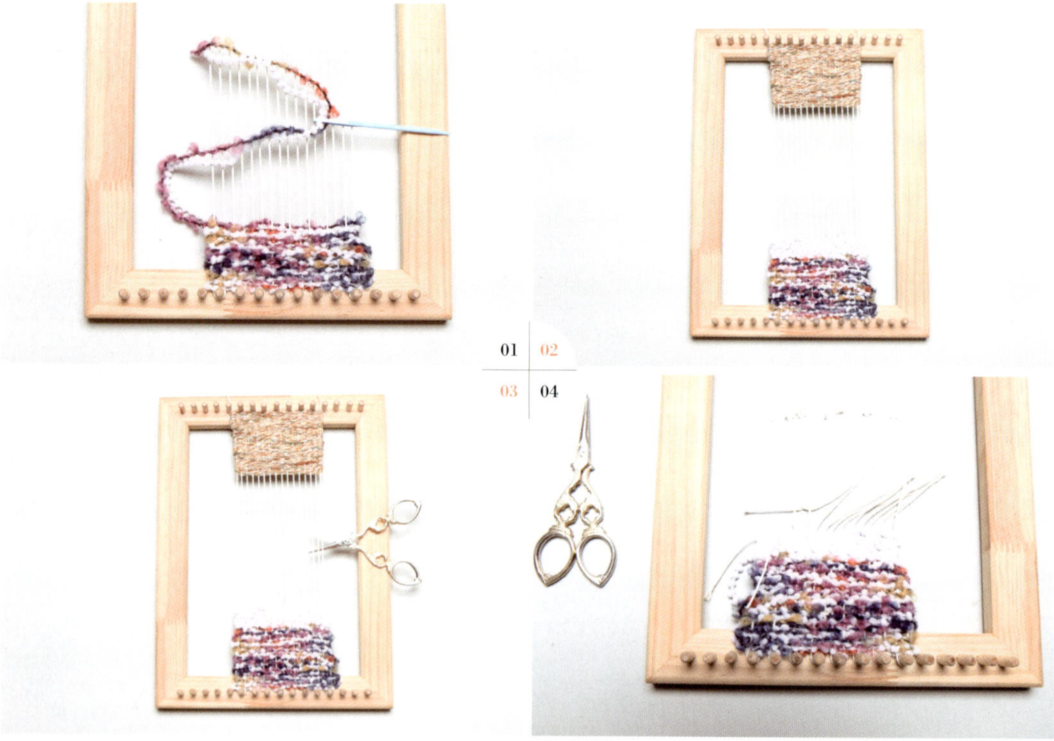

나비모양 리본헤어핀

01 원하는 크기에 맞추어 위빙룸에 경사를 감고 평직으로 위사를 걸어주세요.

02 사진처럼 하나의 위빙룸에서 2개의 위빙 조각을 만들 수 있어요.

03 가운데 경사를 잘라주어 2개의 위빙 조각을 분리해주세요.

04 경사를 두 개씩 묶어주면서 마무리해주세요.

05 사진처럼 2개의 위빙 조각이 만들어졌습니다.

06 다양한 헤어 액세서리를 만들기 위해 여러 조각을 만들어놓았습니다.

07 08 위빙 조각의 가운데를 끈으로 감아 고정시킨 후, 머리핀대에 글루건으로 고정시켜주세요.

09

09 다른 조각들도 리본으로 만들어 고무줄에 고정시키거나, 핀대나 브롯지대에 붙여주시면 됩니다.

TIP / 리본 액세서리로 남자아이용 보우타이를 만드셔도 좋아요. 헤어액세서리뿐만 아니라 원피스의 허릿단이나 블라우스에 고정시켜도 좋아요.

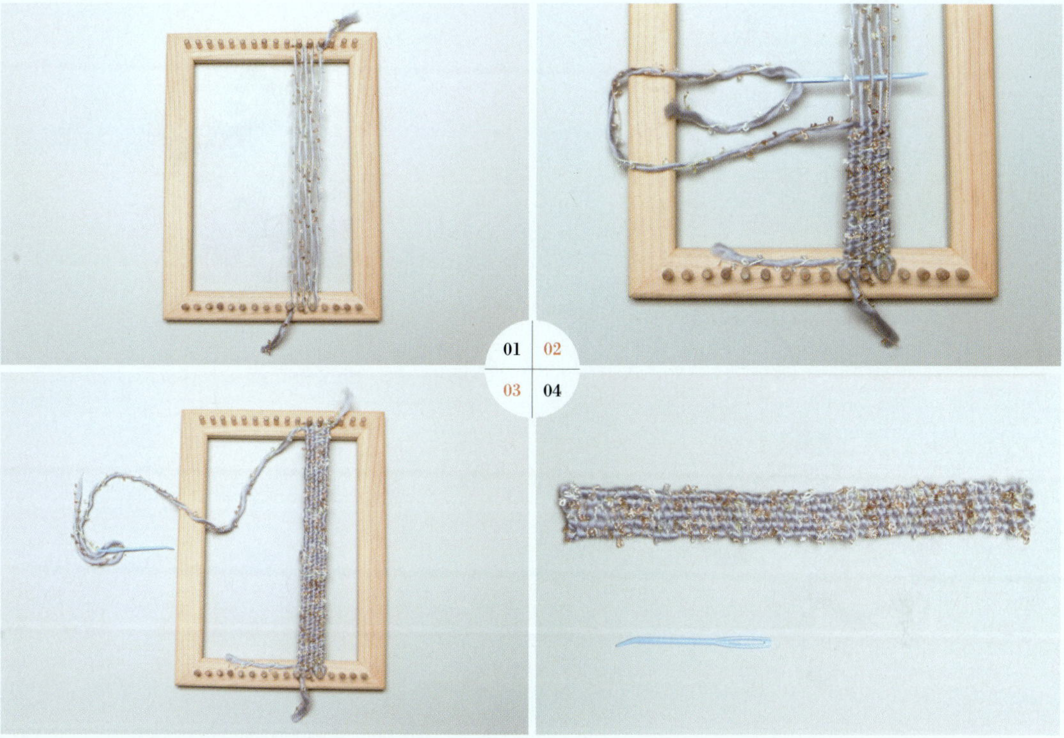

고리모양 리본헤어핀

1. 위빙룸에 5줄의 경사를 감아줍니다.
2. 제일 아랫줄부터 한 줄 한 줄 위사를 걸어주세요.
3. 위빙룸 전체에 위사를 모두 걸었습니다.
4. 틀에서 분리하고, 매듭을 정리해주세요.

05

06

07

05 다른 색을 이용하여 하나 더 만들어볼게요.

06 사진처럼 둥글게 반으로 접어, 가운데 부분에 실을 여러 번 감아 마무리해줍니다. 폼폼이나 다른 부재료 등을 이용하여 장식을 더해주시면 사랑스러운 리본헤어핀이 완성되어요.

07 뒷면에 브로치나 머리핀대를 붙여주시면 됩니다.

08

Comment

어릴 적 엄마가 만들어주신 실내화 주머니와 예쁜 자수파우치는 아직도 저에게 행복한 추억으로 남아있답니다. 엄마가 아이를 위해 만들어주는 소품들은 아이의 성격과 인격형성에도 좋은 영향을 미칠 거예요. 아이가 나중에 추억할 수 있도록, 아이를 위한 소품을 만들어보세요. 아이가 직접 만들기에도 어렵지 않은 아이템이니 아이가 좋아하는 색으로 함께 만들어보세요.

08 완성된 리본핀을 머리에 꽂은 아이들의 모습입니다.

Lesson 3

위빙으로 만드는 축하카드 · 낱말카드

필요한 재료 위빙룸, 털실, 부재료, 카드종이, 레터링 스티커, 눈 모양 단추, 태피스트리용 바늘, 가위, 칼, 목공용 풀

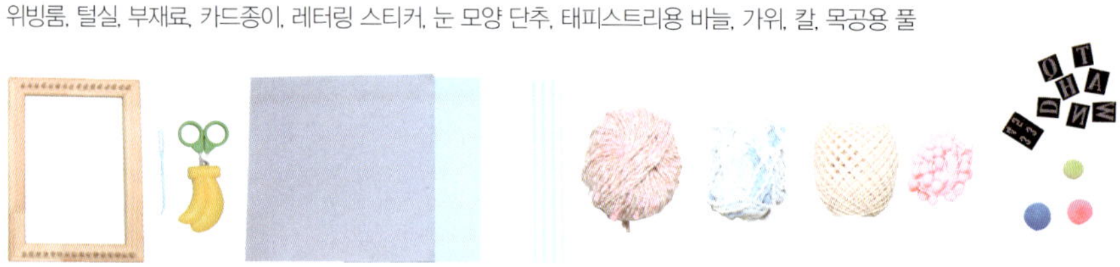

01 위빙룸에 경사를 걸고, 평직 기법을 활용하여 여러가지 색의 직조 조각을 만들어보세요. 아이와 함께 여러 장을 미리 만들어놓으시면 다양한 카드를 만들 수 있어요.

02 거북이 모양의 카드를 만들어볼게요. 회색의 카드에는 거북이의 등 모양을 그려주시고, 세로줄 종이에는 거북이의 얼굴과 다리, 꼬리를 그려주세요.

03 칼과 가위를 이용해서 그려놓은 모양들을 모두 잘라냅니다. 핑크색 위빙조각을 이용해보겠습니다.

04 목공용 풀을 이용하여 회색의 종이 뒷면에 핑크색 위빙조각을 고정시켜주세요. 잘라놓은 얼굴과 다리도 붙이고 눈까지 달아주면 거북이가 완성되어요. 다양한 부재료들을 이용하여 카드를 함께 꾸며보세요.

05 | 06

07 | 08

05 06 07 08 같은 방법을 이용하여 아이의 생일카드와 풍선 카드, 애벌레 카드, 고양이 카드까지 만들어보았습니다.

09 줄에 걸어 벽장식으로 사용하거나, 엄마가 만들어주는 낱말카드로, 또는 액자에 넣어 장식품으로 활용해보세요.

09

Comment

친구의 생일이나 크리스마스에는 아이와 함께 직접 카드를 만들어보세요. 카드를 받을 친구의 모습을 상상하며, 직접 만들어서 선물하는 기쁨도 느낄 수 있답니다. 축하 카드뿐 아니라 한글이나 영어 낱말카드로도 사용하실 수 있어요.

Lesson 4

엄마와 함께 만드는 위빙인형

필요한 재료 위빙룸, 다양한 털실, 태피스트리용 바늘, 구멍이 넓은 우드 구슬, 부재료

여자아이

01 위빙룸에 사진처럼 경사를 감아줍니다. 모두 6줄의 경사가 되도록 하되, 얇거나 힘이 없는 실의 경우에는 2겹으로 감아주세요.

02 03 아래쪽에서 10cm 정도의 여유를 남겨두고 위사를 평직으로 걸어줍니다. 이 위사는 스커트가 되는 프린지를 달기 위한 지지대 역할을 하게 되니, 어떤 색을 사용하셔도 괜찮습니다. 평직으로 6~7번 정도 왕복한 다음 스커트가 될 실을 적당한 길이로 잘라줍니다.

04 앞서 익힌 프린지 다는 법을 이용하여 6줄의 경사에 프린지를 모두 달아줍니다.

05 | 06
07 | 08

05 06 프린지를 모두 달아주면 스커트 모양이 되어요.

07 08 스커트 위로 면을 채워줍니다. 이 부분은 나중에 상의가 됩니다. 프린지는 적당한 길이로 잘라주었습니다.

09 10 사진처럼 경사에 두 겹의 실을 끼워 반으로 접은 다음, 머리 땋기처럼 땋아주세요. 2겹의 실을 반으로 접었기 때문에 2줄짜리 하나, 한 줄짜리 두 개가 되지요. 그것을 땋아주시면 되어요. 이 부분은 나중에 팔이 됩니다. 양쪽 팔을 모두 땋아서 완성해주세요.

11 이제 직물을 룸에서 분리합니다. 아래쪽부터 룸에서 분리시켜주세요.

12 고리부분은 가위로 잘라주시고 3겹으로 나누어 땋아주세요. 이 부분은 다리가 되어요. 매듭은 리본으로 묶어주시면 더 귀엽겠지요.

13 14
15 16

13 반대쪽 다리도 땋아서 완성해주세요.

14 다리길이에 맞추어 스커트 길이를 조정해주세요.

15 우드 구슬의 구멍에 위쪽 남은 경사를 모두 넣어주세요. 이때 우드 구슬은 구멍이 넓은 것을 준비해주셔야 합니다.

16 우드 구슬의 구멍 안에 실을 모두 넣었어요.

17 | 18

17 실을 반으로 나누어 가르마가 되도록 표현해주세요.

18 리본으로 머리를 묶어 귀여운 여자아이를 완성합니다. 얼굴 표정은 아이가 직접 그릴 수 있도록 지도해주세요.

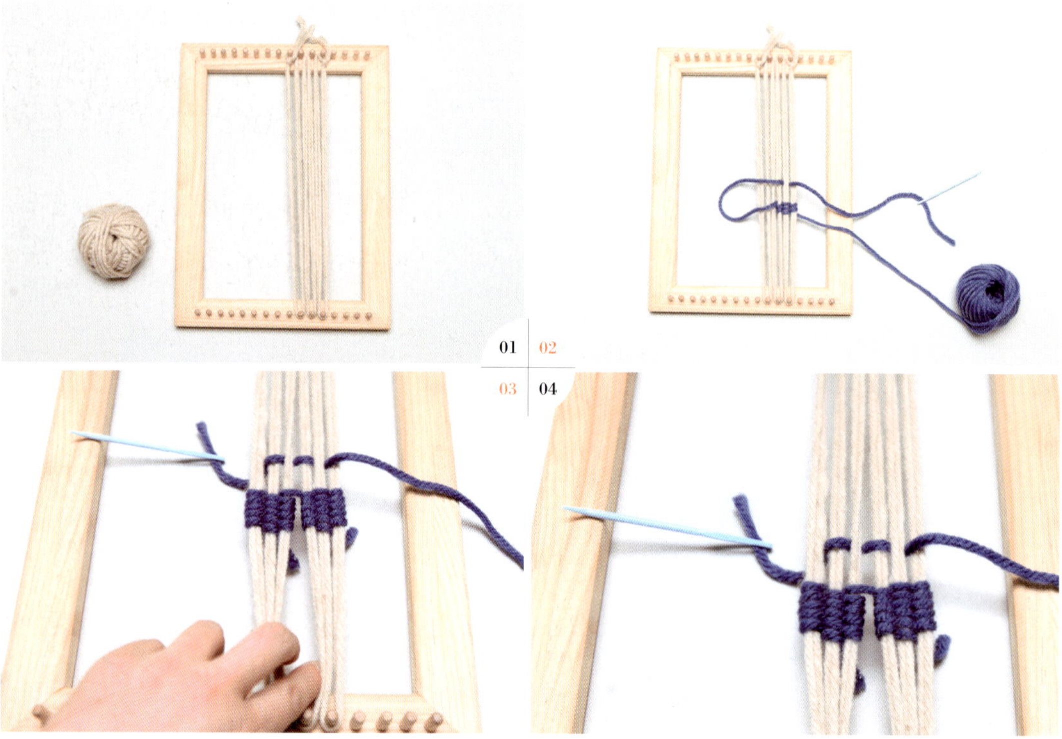

남자아이

01 여자아이와 마찬가지로 위빙룸에 6줄의 경사를 감아줍니다.

02 이번에는 아래쪽에 10cm 정도의 여유를 남겨두고 3줄의 경사에만 위사를 평직으로, 모두 6~7번 정도 왕복해 줍니다. 이때 사용하는 실은 남자아이의 반바지 색상입니다.

03 양쪽에 3줄씩 나누어 위사를 모두 걸어주었나요? 이 부분은 남자아이의 반바지가 됩니다.

04 각각 나누어 3줄씩 위사를 걸었으면, 이번에는 6줄에 모두 위사를 걸어주세요. 역시나 반바지 색상의 실을 사용해 주시고 4~5번 정도 왕복으로 걸어주세요.

05 이번에는 바지의 허리띠를 표현해줄 거예요. 허리띠 색으로 3번 정도 왕복하여 위사를 걸어주세요.

06 07 다음은 상의를 표현해줍니다. 상의 색상의 실로 위사를 계속 걸어주세요.

08 여자아이처럼 상의에 양쪽 팔을 달아주세요.

09 | 10
11 | 12

09 같은 방법으로 양쪽 다리를 만들어주시고, 우드 구슬에 위쪽 남은 경사를 모두 넣어줍니다.

10 머리모양은 아이가 자유롭게 만들 수 있도록 해주세요. 좀 더 진한 색상의 실을 붙여주어도 좋습니다.

11 남자아이와 여자아이가 완성되었습니다. 다른 위빙 소품에 비해 난이도가 높은 작품이니, 엄마와 선생님이 함께 만들어주세요.

12 같은 방법으로 다른 인형들도 만들어보세요. 이번에는 우드 구슬이 아닌 폼폼이로 얼굴을 만들고 눈과 귀를 붙여 귀엽게 완성해 보았습니다. 아이와 함께 아이디어를 내서 다양한 모양의 인형을 만들어보세요.

13

13 인형은 역할극 놀이를 하거나, 아이의 가방에 달아주어도 좋습니다.

Comment

아이들의 놀이에서 빠질 수 없는 인형은 아이들에게는 친구가 되기도 하고, 동생이 되어주기도 하지요. 엄마와 함께 인형을 만들어보고 그 인형으로 역할극을 해보세요. 역할극을 통해 아이의 마음을 이해해보고, 아이가 읽었던 동화책의 주인공이 되어 마음껏 상상의 나래를 펼칠 수 있도록 함께 놀이를 해보세요.

네 번째 수업

위빙 아이디어

네 번째 수업

위빙 아이디어

노란 파인애플

임세영 **blog** http://blog.naver.com/sy_charm / **instagram** weaving_fromilla

임세영 언어치료사, 위빙클래스 진행중

파인애플을 만들었습니다. 주변에서 쉽게 구할 수 있는 종이컵에 경사를 걸어 실을 감아 주었으며, 파인애플을 표현하기 위해 노란색의 실을 사용했습니다. 종이컵의 바닥에 가위집을 내어 공기정화식물인 틸란드시아를 꽂아 거꾸로 달아주면 파인애플이 완성됩니다. 인테리어 소품으로도 좋겠지요. 직접 해보니, 얇은 실보다는 두께가 있는 실을 사용하는 것이 아이들이 작업하기 좋을 것 같습니다.

핑크 플라밍고

임세영 blog http://blog.naver.com/sh_charm / instagram weaving-framillo

임세영 언어치료사, 위빙클래스 진행중

종이접시를 이용하여 플라밍고의 몸을 만들었습니다.
다리와 목이 매우 긴 플라밍고를 쉽고
재미있게 표현해보았습니다.

동글동글 막대사탕

정난아 blog http://blog.naver.com/siyuchi / instagram nana.blossom

정난아 나나블라썸, 위빙클래스 진행중

동그란 원형나무판에 경사를 걸고
위사를 계속 돌려가며 감아주세요.
귀여운 장식을 더하고, 끈을 달아주면
캔디바 모양의 위빙목걸이가 완성됩니다.

정난아 나나블라썸, 위빙클래스 진행중

종이로 눈사람을 만들었습니다.
삼각 모자부터 눈사람까지 연결하여 오려준 다음,
모자에 가위집을 내어 경사를 감고 위사를 걸어주었습니다.
실을 땋아 목도리까지 완성해주었습니다.
여러 개를 만들어 크리스마스트리에 달아주어도 좋겠어요.
눈사람의 표정은 아이가 직접 그릴 수 있도록 해주세요.

고깔모자를 쓴 눈사람

정난아 blog http://blog.naver.com/siyuchi / instagram nana.blossom

멋쟁이 위빙패치

이민정 **blog** http://blog.naver.com/aprilmoss / **instagram** spot_n

이민정 스팟앤, 위빙클래스 진행중

아이들은 물론, 어른들의 패션소품으로
손색이 없는 위빙 와펜 패치입니다.
유행이 지난 재킷이나 가방 등에 달수 있도록
뒷면에 옷핀을 달아주어 떼었다붙였다 할 수 있습니다.
다양한 모양과 사이즈로 제작하여
액세서리로 활용하기 좋은 아이템입니다.

리본 선물상자

최은미 **blog** http://blog.naver.com/silvermee / **instagram** weaving_holic

최은미 위빙홀릭, 위빙클래스 진행중

쉽고 간단하게 만들 수 있는
선물상자 모양의 태피스트리입니다.
태피스트리를 완성한 다음
리본을 이용하여 선물처럼 묶어주었어요.
액자에 넣거나 카드로 활용하면 좋겠지요.

그 외 저자의 다양한 키즈위빙 아이디어입니다.
인형을 만들어서 위빙으로 옷을 입혀 애착인형을 만들거나,
토끼모양의 태피스트리, 사탕모양의 액세서리, 나비넥타이, 네키 목도리 등
위빙으로 만들 수 있는 아이템들이 아주 많답니다.

강아지 애착인형

남자아이 보우타이

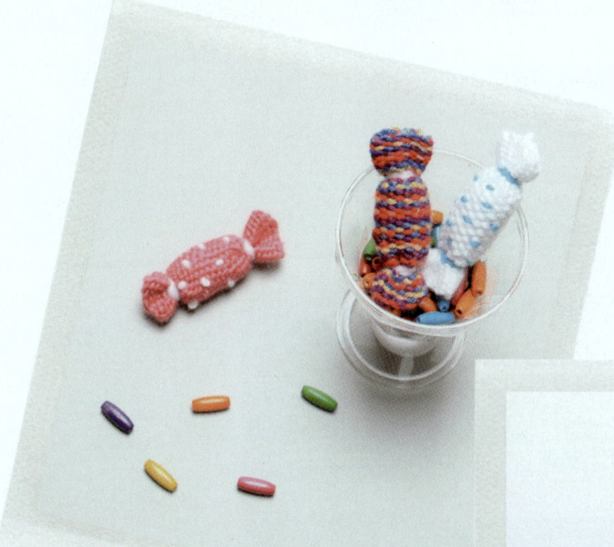

위빙 사탕

토끼 태피스트리

폼폼 목도리

재료 구입처

맘아트

↳ 나무막대, 종이접시등을 구입한 온라인쇼핑몰입니다.

www.momart.co.kr/

용현섬유

↳ 털실,램스울 구매처

동대문종합시장 B동 지하 234호

동아상사

↳ 털실, 램스울 구매처

동대문종합시장 B동 지하 210호

청송뜨개실

↳ 다양한 종류의 털실을 낱볼로 구매할 수 있는 온라인 쇼핑몰

www.tgesil.com/

어썸브릭

↳ 패브릭얀을 소분하여 판매하는 온라인 쇼핑몰

storefarm.naver.com/awesomebric

저자 협의
인지 생략

아이와 함께하는
감성 키즈 위빙

1판 1쇄 인쇄 2016년 12월 15일
1판 1쇄 발행 2016년 12월 20일

지 은 이 오은미
발 행 인 이미옥
발 행 처 아이생각
정 가 16,000원
등 록 일 2003년 3월 10일
등록번호 220-90-18139
주 소 (04987) 서울 광진구 능동로 32길 159
전화번호 (02) 447-3157~8
팩스번호 (02) 447-3159

ISBN 978-89-97466-33-7 (13630)
I-16-12

아이생각
www.ithinkbook.co.kr